认知势能

万叔 —— 著

SPM 南方传媒 | 广东经济出版社

·广州·

图书在版编目（CIP）数据

认知势能 / 万叔著. —广州：广东经济出版社，2024.7
ISBN 978-7-5454-9273-6

Ⅰ.①认… Ⅱ.①万… Ⅲ.①企业管理—咨询 Ⅳ.①F272

中国国家版本馆CIP数据核字（2024）第100517号

责任编辑：陈　潇　许　璐
责任校对：李玉娴
责任技编：陆俊帆
封面设计：邵一峰
版式设计：友间文化
插图设计：圣娓文化传媒
　　　　　vis995@outlook.com·工作室

认知势能
RENZHI SHINENG

出版发行：	广东经济出版社（广州市水荫路11号11～12楼）
印　　刷：	广东鹏腾宇文化创新有限公司
	（广东省珠海市高新区唐家湾镇科技九路88号10栋）

开　　本：889mm×1194mm　1/32	印　　张：8
版　　次：2024年7月第1版	印　　次：2024年7月第1次
书　　号：ISBN 978-7-5454-9273-6	字　　数：165千字
定　　价：58.00元	

发行电话：（020）87393830　　　　　编辑邮箱：gdjjcbstg@163.com
广东经济出版社常年法律顾问：胡志海律师　　法务电话：（020）37603025
如发现印装质量问题，请与本社联系，本社负责调换

版权所有·侵权必究

序

站在历史和趋势正确的一边

  随着人工智能的不断发展，信息世界呈现出两种割裂的状态。一方面，公共领域的优质内容逐渐枯萎；另一方面，各种各样的小圈子形成，割裂了有价值的信息。过去，人们在茶馆里喝茶聊天，在街头看卖艺杂耍，在园子里听戏班子唱戏，但真正有价值的东西，是要进入内屋，关上大门，叫退仆人，低声细语地谈的。

  公开的互联网世界里充斥着"情绪泡沫"，或者非黑即白的言论，还有各种"键盘判官"……看似很欢乐，但不容易赚到钱。而更深的世界里，充满着复杂、"烧脑"的数学，利益与财富的计算和对其本质的思考。

拉近这两个世界的差距，不仅仅要靠努力，更要看趋势和机会。而每一次机会之门开启时，你能不能跨越两个世界的鸿沟，实现跃迁？这要看你有没有坚定地站在历史和趋势正确的一边。

现在，即使是最驽钝的人，也知道人工智能的浪潮已经势不可挡、扑面而来。面对这样一个未知的新事物，很多人开始惶恐：我该怎么办？它会不会替代我的工作？会不会侵犯我的隐私？会不会替代人类的主观判断？因为他们面对未知，没有笃定，所以慌张；更有甚者试图阻碍新事物的发展，抵挡时代的车轮。

这些都是趋势的逆流。

认知提升的第一个重要意义，是让你在变化来临之前看到各种现象和征兆，顺应周期规律，选择站在历史和趋势正确的一边。

认知提升的第二个重要意义，是让你在重要的事情上建立认知体系，既不沉溺在对宏大叙事的迷茫里，也不迷失在简单的因果逻辑中。

美国债务规模巨大，所以经常有学者提出耸人听闻的言论，认为美国债务将要爆炸，要还不上了。

实际上，美联储自己从来不担心债务量，他们只关心这些借来的资金有没有变成足够优质的资产。如果钱都用于购买优质资产，资产自身升值，创造正向现金流，覆盖债务利息，那么它就是好东西，这种债务越多越好。

所以，能发多少债不取决于现在有多少钱，而是你能用它变现多少优质资产。美国在全球范围内收割优质资产,因此它的债务水平居高不下。如果你逐步买下优质资产,又忍不住发债"放水①",让债务变成"烫手山芋",那才是大问题。

有点拗口,我具体讲讲。现在你手里有100万元,你贷款了200万元,买了一套价值300万元的房。这里引入一个公式。

净资产=资产-负债

你用100万元的现金撬动了300万元的资产。如果这个资产能持续给你带来现金流,自身还能增值,你需要还这个钱吗?不需要。因为这就是一只下金蛋的母鸡,大家愿意把更多的钱借给你。

什么资产是好资产?

好资产不仅会增值,还会产生现金流,覆盖资金成本。

例如,你借了1000万元投资一家公司,每年有5%的成本,也就是50万元。结果,公司每年分红80万元,你投资的公司的资产估值还在不断上涨。这是可遇不可求的。

---

① "放水"指决策机构实施一系列旨在增加市场流动性的货币政策措施,这一过程就像打开闸门向池塘里放水一样,增加了经济体系内部的资金供给。

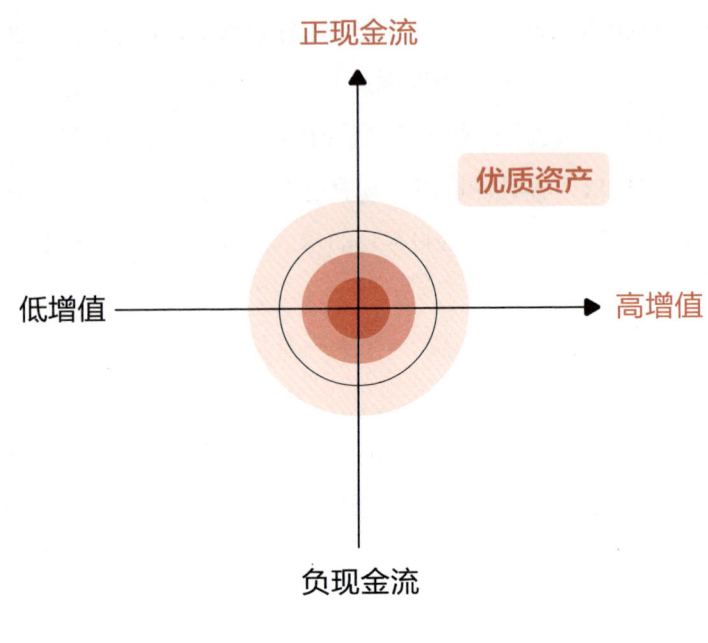

优质资产矩阵

其次就要看情况，在经济周期好的时候，高增值的资产相对更好；经济周期不好的时候，产生正现金流的资产相对更好。巴菲特卖掉一路狂奔的比亚迪，跑去日本买奶牛公司，就是迎合了这个策略。

对于同样的负债、资产概念，不同人的认知深度不同，做出的决策也会有所不同。

普通人的理解是，负债是坏的，欠钱不对，让自己压力很大，最好快速还完。这会让你的财富锁死在底层，而中国过去20年的高速发展和未来20年的中高速增长里的机会，很可能跟你关系不大。

高手的理解是，想办法借钱、负债、扩张，把企业做大，把资产做大，享受发展的红利。但许家印等人的认知止于此，从而沉溺在过去成功的路径依赖中，无法跨越周期。城投债出问题，也是出在一些借到钱却没有足够的认知驾驭财富的地方。

而顶级高手会跟随周期，调整负债比例，置换优质资产，如李嘉诚、巴菲特等人能够跨越周期、长盛不衰。

不同的认知高度，具备不同的势能，会产生不同的结果。

我这些年做商业咨询，调研了上百家企业，对谈了几百位老板，接触过各个阶层的人。我发现那些有能力、有潜力成功的人和注定平庸的人之间，最大的差别在于认知。

前者终身阅读、终身学习，不断用认知撬动更大的资源。后者随波逐流，被趋势和形势推着往前跑，只是因为年纪到了，莽撞地一头扎进了这个商业的世界里。

世界是个草台班子，但我们不是。要想实现跃迁，我们真正要做的是充实自己的认知武器库，让自己拥有更多的策略、更多的选择，才能在应对不同状况和机会的时候，用最好的姿势，拿出顺手的兵器应战，从容地站在历史和趋势正确的一边。

目录

1

认清趋势
行业的未来决定你的未来

003	掌握利益视角,看清世界真相
011	面对变革,每个时代都有这三种人
016	在那个注定辉煌的商业未来里,有你吗?
021	商业成功的底层逻辑是什么
025	成功不仅要靠个人奋斗,也要考虑历史进程
030	M型社会分化,现在进行时
034	中产阶级如何避免下一代阶层滑落

2

财富机会
潜藏在认知势能差里的红利

047 十张二等舱的票,也坐不了船的一等舱
054 认知势能,看不见的商业红利
066 "深刻"是普通人最大的机会
072 优秀而不自知的人是宝藏
076 信息差已死,认知差永生
081 别总盯着钱,多想想怎么变值钱
086 价值有三个层次,多数人都被按死在第一层
098 你工作很辛苦,所以只能给你辛苦费

3

底层思维
关键时刻做出正确的决策

107	被穷人放弃的概率思维
113	从消费者思维到生产者思维
119	理解运气的四层含义
125	界定问题、拆解问题、解决问题
131	别想了，先干了再说
135	少改变，多筛选
139	在好的机制里，没有人能躺在功劳簿上

4 架构模式
用模式提升赚钱速度

- 151 喊着努力赚钱的人，往往赚不到钱
- 157 有什么特质的人更容易抓住机会
- 163 什么是商业模式？如何设计你的商业模式？
- 168 大部分人只看得到眼前的利益
- 174 做自媒体赚钱的五重境界
- 178 只有证券化能接住天量的"放水"
- 183 资产证券化的几种路径

5

不断进化
努力成为时代的跃迁者

- **193** 人生需要跃迁式、非线性的成长
- **200** 成功都是大力出奇迹
- **204** 跃迁成功的人都有什么共同特点
- **209** 那些跃迁成功的家伙是怎么抓住机会的
- **219** 没有运气的人如何跃迁
- **223** 如何通过借势加速跃迁
- **229** 如何规划属于你的跃迁目标和路径

扫一扫，和万叔
一起精准跃迁

Part 1

认清趋势

行业的未来决定你的未来

乘风就是一种巨大的本事

掌握利益视角，
看清世界真相

博主卢克文说过这么一段话："成年后，你的世界观建立需要很长一段时间。大部分读过很多书的人也要到30多岁，他们的世界观才成体系，有的人一生都没有建立自己的世界观，稀里糊涂过完了一生。"

我回想自己硕士研究生毕业，在短暂创业后，开始做管理咨询，也是到30多岁才逐渐开悟，看清楚社会运转背后的逻辑。从此，我对咨询的理解才从应用工具产生结果，进化到解决问题、创造价值。在接触了上百位老板，访谈了几千名员工，了解了几十个行业、数百家企业的核心业务后，我对商业、对世界，才有了新的思考和理解。

我理解整个商业社会的逻辑是**几乎所有商业和管理决策的背后都是人，都是人对利益价值的考量**。很多看不清、想不清的问题，如果用利益的视角去分析，就会豁然开朗。

有了利益视角这个"尚方宝剑"，我开始看清种种繁杂的表象，用其分析、推演事物效果极佳，我分析的事物也越来越宽泛。现在，我把这个分析社会、商业运转背后结构的方法分享给你。

大到历史兴衰

当年秦灭六国，定下一个策略，叫"远交近攻"。而六国为了抗秦，开始"合纵连横"。

最后为什么秦能实现统一，而所谓的"合纵连横"却不行呢？因为每个国家都有其切身利益。"鞭子抽在自己身上"和"你不帮他，我就不打你"是完全不一样的考量，而不是简单的关于人数对比、实力对比的加减法。只有兵临城下，一个国家才会拿出底牌拼死一搏，这时秦军在局部战场就形成了"以多打少"，拥有了绝对优势。

六国不是铁板一块，最终被秦逐个击破，这几乎是必然的结局。

再说一条规律。为什么几乎每个王朝后期都会出现严重的土地兼并、社会阶层固化的问题？用利益视角看，在封建王朝的生产力水平和社会制度下，这就是逃不掉的趋势。

当灾难来临，国家救不救百姓？肯定会救。但从朝廷到百姓，中间层层克扣，实际能到百姓手里的粮食和其他补给少之又少。怎么办？主要靠民间自发的调整，如通过高利贷换取粮食。但天有不测风云，一旦高利贷还不上，这些百姓就得被迫为了几斗米变卖牲口、变卖田地、变卖儿女去还债。

时间长了，富者愈富，穷者愈穷。等到实在过不下去了，没有跨过温饱线的农民们就奋起反抗，推翻这个时代，将田地分给穷人，从头再来。

每个人、每个阶层做的都是最有利于自己的决策，层层叠加，就成了绵延的历史。

掌握利益视角以后，你可以预测，甚至改变潮水的方向。你会明白每一个层面的主体都是为自己的利益服务的，看见利益，触动利益，变更利益格局，才是推动变革的核心动力。

小到个人成长

我在工作上一直都以效率为先，很多人觉得我是"工作狂""卷王"，其实这也是商业模式决定的。咨询本质上还是个出卖时间的工作，获利一方面靠单价的提升，另一方面靠时长的累加。

所以当那些资源型企业问我怎么能产生"特种兵式"的战斗力的时候，我说，招聘和考核时的筛选可以解决一部分问题，但核心还是要看企业，如果我在一个资源型企业里，可能也不会太讲究效率，因为对利益影响不大。"超级个体""一人企业"的模式，一定产生于互联网行业里——这是"利益格局"导致的。

我在商业咨询生涯里接触到的老板们，厉害的那一类几乎都有"太阳型"人格。我认真思考过这类群体到底是在商业社会里被筛选出来的，还是由社会经历塑造出来的。

后来我想清楚了，这是因为这个位置需要这样的人，所以塑造也好、筛选也好，这类群体最终呈现出来的就是这个样子。中国顶尖的一批企业家是有群像的，他们的共同特质就与商业利益最大化的无形要求有关。

这就是从利益视角看到的清晰的因果关系。

利益最大化的形态

掌握用利益视角去思考后，你会褪去那些因为争论"善恶""对错"而显出的稚气，变得更加成熟。

我小时候身材瘦小，体育一般，被拦路抢过钱、抢过电子宠物，在肉体格斗上一向没什么自信。所以我告诉自己要拼命读书，在几年后的阶层划分中，远离这些人。后来我考上了省城的重点高中、重点大学，考上了双一流院校的研究生，通过读书脱离了这个环境，摆脱了被欺负的命运。直到我和这些人在深圳再会，大家坐下来喝茶聊天，谈的都是怎么做生意。

这不是人变了，是时代变了！

犯罪成本变高，通过犯罪获得的利益减少，而好好做生意的利益变大，所以坏人也变成了"好人"。不对，不是"好人"，是变成了利益最大化的形态。

这就是为什么我不愿意跟一些"杠精"在网上吵架。因为大家的时间成本是不一样的。很多人可以"摸鱼"，因为收入是固定的，一天几百元钱，今天做不完的工作可以明天再做。而咨询行业不一样，总价是固定的，你做得越快效率越高，性价比就越高，所以和"杠精"吵架，我是要亏钱的。

在公众号上，我每天花的时间是1.5个小时，一般不会再多，像用仪表精密计算过的一样，因为现在的价值配比只允许我花这么多时间。

所以当我经过努力，能在1.5个小时里输出一篇2 000字的文章的时候，我就开始在公众号上每天更新文章。如果阅读量更高，商业价值更大，我分配的时间和精力可能就会更多。

用利益视角发掘机会

掌握利益视角以后，你能看见**人群的分化是利益的分化**，并能从变化中找到规律，敏锐发掘出商业机会。

当经济萧条的时候，分化的主要就是中产阶级。我们经历了长达40年的超级经济增长奇迹，这让很多人以为这个世界本应是这样。而现在"大厂"裁员，硕士送外卖早已不是什么新闻了。从这里，我们能看见什么？

看见"口红经济"的兴盛是必然，淄博烧烤就是21世纪的"口红经济"；看见罗振宇为什么要把得到高研院高端化；看见LV（路易威登）为什么在两年里涨价三次；看见房地产市场的分化，越是总价高的房子，越是价值稳固。

所以，普通人不变成别人廉价的筹码，能"苟"到秋去春来，"苟"到下一次花开，就已经是最佳策略。**普通人从来都是在混乱和野蛮生长中实现跃迁，而不是在危机中壮大的。**

在咨询的过程中，我用这套利益视角的方法少走了很多弯路，避免了很多坑。之前土地财政、地产经济蓬勃发展的时候，我主动选择了城市平台公司作为核心的客户群体。而近年来，AI（人工智能）的发展给全世界带来了巨大影响，我公司也快速转型，切入AI赛道，帮助企业认识AI、理解AI、应用AI，取得了不错的效果。

成为真正成熟的人

虽然几乎没有人系统性地讲过利益视角，但它不是什么见不得人的理论工具。很多人因为长期所受的关于好与坏、善与恶的教育，在面子上和心理上不太适应，还总觉得直白谈利益难为情。但这是商业社会的基本逻辑，是每一个身处在商业社会里的成年人都应该掌握并熟练应用的本领。

只有在熟练掌握用利益视角去思考后，你才是一个真正成熟的人。

《奈飞文化手册》中说："只雇用、奖励和容忍完全成熟的成年人。"这是说这类人有和他们一致的利益视角，他们给的高工资和相应的高要求，能在这类人身上恰到好处地形成统一。

现在跟人交谈，我能判断他所处的位置，他的利益诉求，最终找到破局的关键点。如果没有明确这一点，我大概率会寻求更多信息，而不会盲目去做决策。当你熟练掌握利益视角，你会理解利益的内涵和外延，利益在时间、空间等层级上的拓展。

你会羡慕马斯克、李健不买房，但自己不模仿，而是老老实实地工作、买房，以实现资产升值。你会明白付出是得到的最短路径，从而变得开放。你会更好地比较当下利益和长远利益的得失，权衡局部利益与整体利益的关联。你会明白小恩小惠与核心利益的区别，不会做出那些因小失大、鼠目寸光的决策。

你开始会越来越深刻地思考事物背后的逻辑，会更容易地抓住可能实现跃迁的机会，成为这个复杂社会的明白人。

增强观察力
看见利益的分化
能从变化中找到规律

提升理解力
理解利益的内涵和外延
及其在时间、空间等层级上的拓展

强化思考力
深刻思考事物背后的逻辑
成为这个复杂社会的明白人

促进行动力
敏锐发掘商业机会
抓住可能实现跃迁的机会

掌握利益视角的优势

面对变革，
每个时代都有这三种人

我们聊一部小众的电影——《百鸟朝凤》。

这部电影的故事情节非常好理解，唢呐匠焦三爷是全村闻名的乐队头头，很厉害，也颇受尊重，但他的规矩很多，在白事上吹《百鸟朝凤》这个曲子，不仅要求办白事的一家给钱，还得逝者生前人品好、人格高尚。男主角游天鸣拜他为师，好不容易学成，接了焦家班，结果时代变化，葬礼都改成卡拉OK了，焦三爷用生命捍卫了唢呐最后的光荣，徒弟们在他的葬礼上吹了一曲《百鸟朝凤》。

这类故事的主线一般都是讲在大时代变革的背景下，旧时代的小人物，尤其是小人物里顶尖的那拨人无力地对抗时代的故事。

在这部电影里，我按照世界观的不同，把人物分为三类。

第一类是像焦三爷这种为唢呐而生，最后为唢呐而死，将一辈子都奉献在这项事业上的人。无论如何，这种人都是值得敬佩的，他们把这项事业当成了自己的信仰，哪怕后来传统的乐队班子已经没落了。

这类人是传统文化最后的守夜人。影片没有过多去刻画焦三爷年轻时的状态，但从他对《百鸟朝凤》这个曲子的尊重来看，他过去的成就一定都是拜唢呐所赐的。君以此始，必以此终，对这种人我们只有敬佩，就像你读三国故事时，对逆势而为的诸葛亮和顺势而为的刘禅，感受是不一样的。

第二类是像男主角游天鸣这样的人，用自己的青春和全部的努力好不容易登上了那个位置，却发现整个行业、产业都没落了。在工具价值发挥到极致，准备努力换钱的时候发现工具本身已经没有价值了，这是最值得惋惜的。

现实生活中有这样的情况吗？有。

Open AI搞了一场ChatGPT开发者大会，推出了一个产品。如果以后想做一个本地化部署的应用资料库，你只需要告诉它要做这个，然后调试一下，输入一些内容就可以解决了。这完全由自然语言生成，没有代码。

我有个朋友之前帮企业做ChatGPT的本地化部署，据说投资近100万元搞研发、做产品，企业未来和估值在那天就可以"动态清零"了。

第三类就是主角游天鸣父亲那类型的人。

小时候，游天鸣父亲把他送到焦三爷那里，是因为看到焦三爷吹唢呐，得到了大家的尊重，赚了钱，有了结果。所以哪怕自己的儿子没有天赋，也逼着他去拜师学艺。电影里有个片段是主角觉得自己没天赋，背着包袱回家了，结果看见父亲在跟邻居吹牛，自己的孩子多么厉害，未来要吹《百鸟朝凤》。

这就是典型的不知道事物本身的价值，而只看到了背后的结果的行为。现实很残酷，这也是绝大部分人的状态。这种状态有两个问题。

第一个问题是只看到名利这个结果，没有看到背后的价值创造，更没有看到背后的本质是**供需和稀缺**。第二个问题是看见现在的结果，但看不到未来**变化的趋势**，以为现在是这样，过去是这样，未来就一定还是这样。

信息的传播和机会的出现不是随机的，而是像筛子一样一层层进行筛选的。

电影《饥饿站台》里，下一层人吃的永远是上一层人的残羹。对于那些有利可图的事物，既得利益者都是**小心翼翼、守**

口如瓶的。

多想想，如果真有好事，信息凭什么能传到你这里？

对抗趋势，怀念过去，这是价值观最大的误导。对于这种必然趋势，如果我是主角，我会怎么做？

顺势：不和新生的、更强大的事物做正面抗争，接受慢慢老去被替代的事实。

转型：像电影《百鸟朝凤》一样，把传统的精华和现代的潮流相结合，不以原教旨为优越，转型成更符合时代主旋律的内容。

升华：和许多传统文化一样，不再过于强调功能、工具价值，而是提高价格，以艺术的形式讲述文化故事，把文化继续传承下去。

顺势	不和趋势做正面抗争
把传统的精华和现代的潮流相结合	**转型**
升华	以艺术的形式继续传承

面对时代变革的三种策略

为什么我会以这部电影为主题讲故事？因为它很有代表性。在这里，我没有说任何一个具体的人，是说这一类的现象。

这类现象就代表了中国的城市化发展是不可逆的。

我在做咨询的十多年里学会的是，决策和结论要用事实来讲话，不要凭感觉。有时候结论和感知一致，这种方案就很好通过。但很多时候推理出来的结论和大家的感受不一致，这时候我会把所有的细节公开，如所有的数据和事实，摊开来让大家在会议上进行讨论，这样做往往最后能达成一个比较理性、一致的结论。

就像中国的人口政策一样，**做决策，不能光凭感觉，你要知道大势是什么**。去翻翻中国国家统计局的数据，看看每次人口普查，哪些地方的人多了，哪些地方的人少了，看看经济、科技、机会等和什么要素挂钩，这些要素的发展趋势和未来预测是什么样子的。

不要想当然，要为了自己的人生，**努力做更好的决策者**。

在那个注定辉煌的
商业未来里，有你吗？

我经常会遇见一些学员在听课后提问："万老师，我是××行业的，我现在做的是×××，请帮我分析一下，我这个业务、这个行业怎么样？"

你自己做的都不知道，我怎么知道？

我做商业顾问，不是对每个行业都了如指掌的，我对少数行业比较清晰，如短视频直播、酒类、新能源、跨境电商等行业，因为我们团队做过相关的咨询项目，对这些行业进行过深度分析。

但多数行业的价值需要自己去找，自己去判断。而且，这种判断特别有意思，当你身处某个行业时，就会疯狂地关注对自己有利的信息，然后得出结论——有政策支持，是机会风口，我要发展了。

这是典型的信息茧房。那在这种状态里要怎么破局？

你先别问自己能做什么，先问自己一句，在那个注定辉煌的商业未来里，有你吗？

注定辉煌的商业未来，就是你赌中国经济会持续发展下去，实现2035年的目标。这句话是什么意思？是说在十多年后，到2035年，实现经济总量或人均收入翻一番是完全有可能的。

这意味着什么呢？意味着想要实现这个目标，那么整个现有的商业模式、商业趋势都要更新变化。

我以前投资过一家摄影工作室。当时我想主打性价比，把店开在写字楼里，做成标准化的工作室，通过好的服务再开连锁店。结果开到第二家店的时候，被连锁海马体照相馆压得喘不过气来，在疫情防控期间就顺势关掉了。

因为我赌的趋势错了。

我定的价格是海马体照相馆的一半，按道理是有竞争优势的，因为性价比高。但事实上，海马体开创的综合体开店的模式是趋势。为什么？因为消费升级。

回到十年前，我们出门消费都是在服装一条街、小吃一条街，那时候对证件照的理解就是在打印店随手一拍的照片。现在呢？拍证件照都在各大商场、购物中心里，而且整体上街边小店和路边摊已经很难有"逛"的属性。

恰巧这一两百元的证件照，又属于需要"正经规划时间"进行的消费。所以，商业综合体的势能越来越大，写字楼的势能越来越小。

后来海马体开了照相馆连锁店，建立了修图中心，还建立了标准化的SOP（标准作业程序）拍照模板套餐。这些我会不会？我都会啊。虽然在认知上没有任何差别，但现实差距却越来越大，因为起始选择不同。

人类社会最大的趋势是什么？是GDP（国内生产总值）的变化趋势。

从全世界范围来看，即使跨种族、跨文化、跨地域，GDP也都影响着每个人的消费、思考和决策。

我再举个例子。我师兄创立的一个连锁酒店品牌亚朵，可能很多人都听过。在亚朵、丽枫这些酒店出来前，最火的是七天、汉庭这些品牌。但这些连锁酒店是怎么冒出来的？因为国内贸易和交通变得发达，跨城市出差的人越来越多，每次都要在各个招待所、小旅馆之间做判断，很糟心，而七天、汉庭就代表了一种身份。一两百元的价格保证了住宿房间干净，热水充足，非常好地契合了当时人们对差旅的要求。

你会问，为什么当时人们的要求就低一些呢？因为大家都比较淳朴，思想简单吗？不对，是因为穷。十年前人均GDP在4万多元的时候，人们的需求刚刚脱离招待所，希望有品牌连锁酒店。GDP继续增长，人们对睡眠质量开始有了要求，希望环境更好一点，设施再智能一点，也不要太贵。所以，这种接近五星级酒店的房间配置，但砍掉大部分附加设施的经济酒店就出现了。

那么，又是什么促使亚朵、丽枫这类酒店的兴起，是创始人聪明吗？其实，还是因为钱。

我们公司员工去二线城市出差时，每人每天300元的差旅标准。如果想住五星级酒店，可能还要补300元，但住这类经济酒店就刚刚好。所以从商业咨询的角度来看，七天、汉庭酒店的兴起，是因为他们踩中了时代的趋势，但没落也是因为时代的迭代。

请你继续想想，往后走，酒店的趋势还会变化吗？最后的连锁酒店一定是像希尔顿、万豪那样的五星级连锁酒店。

这是经济发展的规律，是不以主观意志为转移的。

很有意思，不确定的时代造成了一种相对确定的景象。而你的未来、你的企业在这个趋势里吗？你今天的布局在五年后、十年后是什么样子？在你的赛道里，未来的产业形态，用户的生活水平、消费习惯是什么样子？

弄清楚这些，企业的产品、服务就应该往这个方向去升级，去提前布局，占住生态位。尤其在今天，已经陷入困境的企业,不要指望咨询顾问可以妙手回春,帮你起死回生。

我国作为一个后发国家,各行业的发展问题、情况和所处的阶段都是"明牌"。经济有经济发展的规律,产业有产业发展的规律,企业有企业发展的周期。**真正优秀的创始人应该顺应规律、顺势而为,实现企业的跃迁式发展。**

把这套逻辑套在个人身上,也是一样的道理。

商业成功的
底层逻辑是什么

我是做交付起家的,也是个没流量的主,为了咨询业务发展,要分近一半的利润出去。如果你也是个干活的,可能会有这样的想法:活都是我干的,业务都是我谈的,成本都是我担的,凭什么人家分这么多钱?

我之前有一段时间也是这么想的,然后差点"饿死"。你要有过青葱岁月,有过鲜衣怒马少年时,就会明白我这种感受。

我上学的时候喜欢看一本书,叫《悟空传》,里面有句话让当时的我热血沸腾:"我要这天,再遮不住我眼,要这地,再埋不了我心，要这众生，都明白我意，要那诸佛，都烟消云散！"人生如果没有这个阶段，是不完整的。

就像季羡林的《清华园日记》里写着："我今生没有别的希望，我只希望，能多同几个女人，各地方的女人接触。"日记出版的时候，季羡林已经是国学大师，是巨匠了。编辑问季老这块要不要改一下，季老活得通透，摆摆手说不用改了，按原稿出版吧。

多数人进入社会就被现实狠狠"捶"下来，差别是，有的人被"捶"了就认命了，有的人不是。把你"变成猪"，有的人就好吃懒做等下辈子，有的人心想是不是还能扮个猪八戒。当然还有更牛的，孙悟空被压在五行山下五百年，出来依然活蹦乱跳。

到了这个时候，你才知道，**个体的力量是多么渺小**。孙悟空不再追求一棒子打死每个妖精，更多是去"找后台"，让神仙下来收拾。

当年淘宝的服装生意很火，但其平台规则尚不完善。有些在广州做服装生意的人不受平台规则的限制直接跑去杭州找"淘宝小二"，请他们做什么？请他们偷偷拧开一下流量的水龙头。然后呢？然后他们就发财了。我刚毕业那会儿做电视购物时，挤进了湖南台热度很高的快乐购，那时一场的成交量大于其他几家电视购物一周的成交量。

这时你就会发现，你所做的努力，如对产品的打磨、话术的迭代，其实只是成功公式里的那个乘数、那个系数。

你的努力是把系数从0.65提高到0.68。但渠道的流量，如快乐购的覆盖面，是把前面的基数从10提高到1000。

成功=趋势 × 努力

只有想清楚了这个道理，你才会坦然接受自己在不够强大的时候，和资源方、渠道方合作，戴上金箍，负重前行，坦然接受他们牵个线、约个人，最后利润拿大头。

商业的结果是财富，能乘风而起就千万不要为了逞能，逆锋起笔。

什么是乘风而起？就是去找最好的机会，用最实用的招数，老老实实地把钱赚了。很多人觉得中国互联网大佬们，不过是因为踩在风口上才起飞的。

但乘风本身就是一种巨大的本事。能简单地把事情做成，站着把钱挣了，就不要觉得"跪"着赚钱才是本事，还相互攀比谁"跪"得久、"跪"得挺拔，这都是错误的财富观。

我在考大学选学校的时候，明明在北京、上海有更好的选择，但是因为觉得自己不配，觉得大城市消费高等，就去了一个非偏远地区的贫穷省份。我在硕士研究生毕业的时候想清楚了，买了一张火车票去一线城市。

后来我听刘强东的访谈，说他当时唯一的想法，就是读大学时要么去上海，要么去北京。为什么？因为人才、资源、流量、机会都在这样的大城市。

生活不是游戏，不要动不动就给自己上难度。

我要达成目的，和我要用这种方式达成目的之间，差了一百个专业的咨询顾问。做企业咨询时，我觉得每个项目最大的难点不在于这个目标如何达成，而在于客户"既要又要"的心态。

例如要培养后备人才，那资源放不放给人家，机会让不让给人家，激励留不留给人家？或者明年要实现业绩翻番，敢不敢孤注一掷地赌新渠道、新趋势？又比如要实现公司的制度化管理，董事长妹妹闺蜜的老公能不能开除？再比如想赚钱，一定要靠打工，靠自己的双手才能实现吗？

吴晓波刚成立书友会时，我在一次活动上代表书友问过他一个问题："吴老师，请问为什么成功的企业家身上都有很多共同的特质？"我不记得吴老师具体的回答了，但当天的花絮被发到社群里时，我至今还记得他的一个回复。

他说："商业的妙处就在于，进入商业社会的时候大家都是各式各样的，但那些扭曲商业规律的企业家最后都失败了，所以你能看到的成功者都有一些突出的特质，把这些特质的共性聚合起来，就是商业的底层逻辑。"

成功不仅要靠个人奋斗，也要考虑历史进程

个人奋斗和历史进程，哪个更重要？

网络带货主播李佳琦对打工人说，因为他们工作不努力，所以没有涨工资。很多人说自己不是不努力，只是没有遇到直播带货这么好的机遇罢了，他不过是机会产生的幸运儿，却以为自己是靠努力获得成功的。

其实我的感觉是，一个人处于底层，努力更重要，但越往上走，历史进程（机遇）就越重要，那怎么区分自己到底是努力不足，还是运气不够呢？

当我们没有办法清晰思考一个问题的时候，很有可能是因

为我们缺乏相应的分析问题的工具。在这里，我们引入一个投资中常用的阿尔法收益和贝塔收益的概念。

> α **阿尔法收益**：凭自己努力获得的超额收益
>
> β **贝塔收益**：跟随市场大势上涨获得的收益

阿尔法收益和贝塔收益的概念

这个概念的引入，可以让你更加清晰地判断自己行还是不行。如果你今年是28岁、35岁、40岁或50岁，在某个城市里和身边的同龄人相比，你的成就高于平均水平，还是低于平均水平。

现在，你先用我常说的基准线法则，给自己拉一条认知基准线。基准线不同，得出来的结论可能大不相同。拉好心中的基准线后，你去比较优势与劣势，然后再和做出了相同选择的人进行比较，一步步深入。

例如，你现在是杭州的一名电商直播从业人员。你先用这个行业和其他行业去比较，发现自己可能选对了，跑赢了大盘。你再与同行业、同年龄层次的人进行比较，将你的公司和别人的公司相比，你有没有跑赢板块？最后，你与公司里的同一批人去比较，你是头部，是最优秀的那些人之一吗？

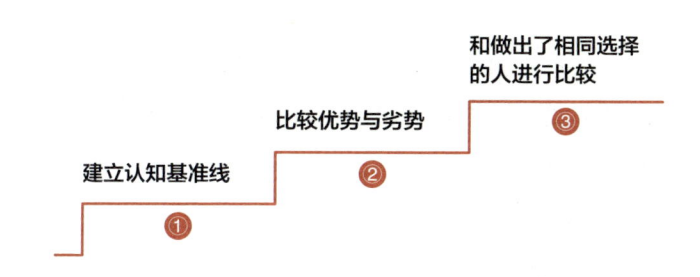

```
                                    和做出了相同选择
                                    的人进行比较
                  比较优势与劣势         ❸
建立认知基准线         ❷
      ❶
```

区分自己是"努力不足"还是"运气不够"的步骤

一层层比下来,你就知道选择和努力对今天的你的影响所占的比例。当然,如果你成功,你可以对外说主要靠你努力,如果不成功,你也可以对外说主要是外部原因。

这些都是行为决策,但我们要聊的是怎么看问题,更多是要实事求是,讲究看清事实的真相。要时刻保持清醒,不要把自己也骗进去了。

看到这里,我们一起回顾一下上一部分的内容。

第一,你的判断里有没有层次感,有没有从国家到城市,行业到企业的层次感?

你是在自己可折腾的范围内使劲折腾,还是每天只记得自己的重复工作,在一亩三分地里,打不开眼界?最好的状态是你对所在层级,对往上、往下的各一层级都有感知,对于离得太远的事情保持少量关注即可。

第二,你有没有通过大量了解信息,建立一个正确的、相对客观的基准线?这个基准线是每一部分都有,还是到哪一部分就断了？

当然，从公司的角度来讲，薪酬保密，职工"螺丝钉化"本身就是对抗职工建立基准线的一种手段，无可厚非。但作为我的读者，你想要实现跃迁，就应该要有阶层的概念，不然实现跃迁就只是口号和空想。

第三，你有没有足够的**工具**去拆解问题？

很多人讲不清选择和努力，但拆解成阿尔法收益和贝塔收益的叠加曲线就清晰了。企业里有很多员工甚至是老板都不知道自己的战略重心在哪里，只是被动工作。这时候给他们一个企业发展的周期图就清晰了。

这些工具本来就有，但你可能不知道，于是在黑暗里摸索，导致重复造轮子，每一步都走得很艰难。我们以为学习是艰难的事情，是因为没遇到要自己解决问题的情况。

当面对问题不知道怎么解决时，学习比摸索要轻松10倍，这就是很多人要花钱学习的原因。这些工具、模型和思考方法都是我在多年的咨询生涯中，每天反复在用的。

之前我也有"信息茧房"，即用旧工具在旧场景解决旧问题，从祖师爷弗雷德里克·温斯洛·泰勒开始，企业咨询的这一套方法论就几乎伴随着整个工业社会的发展而成长。

很多大佬一辈子就用一两个方法，做好了企业、做大了名声、做出了功绩。但我们的现代化、工业化发展是跨越式的，用三十年的时间走完了人家几百年的历程，其中还伴随着几次工业革命和技术进步，这让旧方法的适用场景逐步在减少。

所以我也在探索，能不能用商业逻辑在新的场景拿出新的解决方案、解决新的问题，如用商业的底层逻辑，解决结构化转型之下个人奋斗和历史机遇结合的问题。

如果能走出新的路子，一定也是个人奋斗和历史进程相结合的典型。

M型社会分化，
现在进行时

在我公众号里留言的读者中，最焦虑的往往是中产阶级。中产阶级没有具体的定义，大体而言，是以工资为主要财富来源，在经济上行的时候活得还不错的那群人。

我不止在一个场合里讲过，中产阶级是一个伪命题。为什么？因为自古以来，在风调雨顺的时候，过好日子是理所当然的。但你的钱、你的资产能不能扛住风险？能不能继续传承？

我先举个例子。自古以来，王朝更替通常会带来利益的重新分配。新王朝建立之初，统治者往往需要巩固政权、稳定国家政治和经济秩序，因此会对土地进行重新分配和整顿。但无论哪个王朝，到了后期，社会结构就会开始固化。其中一个典型的特征就是土地兼并。地主吞并农民的土地，大地主吞并小地主的土地。那些本来有土地的自耕农，从某种程度上来说，就是今天的中产阶级。

可能你会觉得他们太傻了，如果是你，你会保住自己的资产，拼死不放。这个想法太天真了，因为以前的农民也是这样想的。

当危机来临的时候，不是所有人都能扛住风险。这是什么意思？在农耕时代，饥荒来了，很多自耕农家里的粮食吃完了，没办法，他们必须去借粮食。那时候没有什么物价和CPI（消费者物价指数）的说法，朝廷虽然也有赈灾一说，但国力有限，没办法惠及每一个人、每一个家庭。

怎么办？多数情况下，农民会找村口的地主老王借粮食。老王摇摇扇子，微微一笑，露出两颗大金牙说："借粮食啊，可以啊！"他开口大方，利息也公道，但是必须拿农民家后面那两亩田做抵押。到了时间，一旦还不上，就必须卖地还钱。农民想起家里的老婆，三个饿得瘦骨嶙峋的孩子，最后咬咬牙，在白纸黑字上盖了手印。

很多悲剧让人印象深刻，不是因为事情本身让人难过，而是明明每个决策都是最佳的，却无可避免地走向了注定的悲剧。

你只是想努力地活下去，但赌注却是你仅有的本金。如果不信，你去股市"炒一炒"，就能体会到。

我之前看到一个帖子，是"三和大神"每天的日记，他们快乐吗？是挺快乐的，毕竟，赚多少花多少的生活，无忧无虑。看似挺有趣，但"三和大神"们没有办法对抗风险。富人的资金都是自己的，咬咬牙扛过这个冬天，又是春暖花开。通过国家救济、以工代赈、控制CPI，穷人也能有一口饭吃，影响不大。只有中产阶级在夏天猛烈奔跑。

美国、日本等地区的社会发展形态和中国古代的社会变迁，都说明了一个道理：在成熟的社会形态里，中产阶级都处于过渡阶段。要么抓住机会，实现跃迁，成为富人；要么因为风险和意外，几十年辛苦毁于一旦，下一代又重新开始爬阶梯。

在成为贵族的典型路径里，第一步就是成为富人，没有中产阶级这个选项。

为什么说过去的二十年是中国经济发展的黄金时代？因为在那个时候，只要你买了房子，就会增值。能增值，能带来好的正向现金流，就是好资产。但现在不是，好的资产变少了，意味着成为富人的机会也少了。

日本的"平成废柴"不是因为他们自己想"躺平"，而是因为社会看不到希望，"躺平"成了性价比最高的选择。这就是为什么我一直说要抓紧机会实现跃迁，创富的窗口期往往源于混乱，终于秩序。

根据我做咨询的经验来看，当一家企业的制度、流程、发展路径都很完善的时候，意味着你可能可以拿到相对较高的薪水，但发家致富的机会基本没有了。

在经济的高速发展期都没有抓住机会的人，在经济成熟或衰退的时候想要抓住机会就更难了。

如果你也是中产阶级，一方面要守住你的主营业务，守住稳定的现金流，在人生事业的黄金阶段做大、做强、做稳定。另一方面别把有限的时间放在那些"宏大叙事"上，多想想市场有哪些机会，自己还有什么资源，怎么抓住这些机会？

聚焦、再聚焦。

这就是为什么我基本不做夜间社交，不和人吃吃喝喝，哪怕工作再忙，也每天写一篇文章，立住跃迁的"人设IP"。

朋友不是你吃吃喝喝得来的，如果你输出的思想、观点有价值，就能链接上更多的人，做成更大的事，见到更大的世界，朋友自然就多了。

中产阶级如何避免
下一代阶层滑落

　　一位读者问了我一个问题,他以前是"小镇做题家",现在小有成绩,净资产大概在A8级别(个人净资产金额达到八位数),但他女儿沉迷电子产品,现在他非常担忧,害怕下一代阶层滑落,问我应该怎么办。

　　这是个很有意思的问题。

　　我提供服务的企业主要有两类。一类是成熟的企业,达到百亿元或千亿元营收级别的企业,向这类企业提供的服务主要是给出企业管理的专业工具、技术、方法论等,发挥工具价值。另一类就是3000万元到几亿元营收级别的企业,这类企业已经建立了业务基本盘，度过了生存危机，谋求企业扩张和发展，需要增长破局。因为年龄相近，层级扁平，我也和不少这类企业的创始人成了朋友。

我们聊到过一些关于下一代的话题。这样的危机感，其实每一代都有。我公众号文章的读者群体年龄主要在25岁到45岁之间，比例接近80%，主要是"80后""90后"们，这群人的主要跃迁路径是这样的：

> 小时候他们生活在农村或小城市，通过寒窗苦读考上了不错的大学，然后通过好大学这张名片来到大城市，进入一家好公司，依靠在好公司里的奋斗实现快速升迁，攒下第一笔财富。之后为了结婚，或为了在大城市里留下来，买了第一套房，结果发现房地产居然有金融属性。三年5倍、五年10倍，加上3倍杠杆、过桥借贷……财富持续膨胀，最终白手起家，实现跃迁；或者在某家互联网公司工作，获得了互联网行业的红利，又遇上公司上市，股份值一大笔钱，最后实现跃迁。

这就是"小镇做题家"们在过去二十年里一条主要的跃迁路径。

有没有其他的路径？有。我其中一位朋友家里拆迁，实现"暴富"，但这不是主流。

如果我们把所需要的能力分成两部分，那么一部分是胆识和勇气，另一部分是认知和能力。

受不同职业影响，核心能力的占比可以不同，但本质就是这两个类别，但知道这个有什么用呢？

我们来回顾一下这个父亲的焦虑。这位身处上海的父亲，焦虑的点在于他自己。他年轻的时候憋着一股劲儿，一定要好好读书，考出小地方，改变人生和命运，最后通过苦读和奋斗做到了。

但他把这个作为自己判断的基准线，去衡量下一代的成就能到哪个地方。对标一下就能发现，在未来，学历在贬值，机会在减少，按照这种趋势发展下去，子女可能会阶层滑落。

对于这种焦虑，我想说的是，有没有可能，**我们的跃迁才是奇迹中的奇迹而已？** 跃迁就像股票连续拉了七八个涨停，翻了一倍，一年内同一只股票这样操作了两三波。需要怎么做？

需要天时地利人和。 遇到大牛市、基本面好，还要有资金，有优秀的操盘手操作，而你能买到这只股票的绝大部分可能性是你碰上了这个运气，实现一波飞升。

这是趋势的力量。就像"电梯理论"里面讲的，你在电梯里是站着、靠着、坐着甚至做俯卧撑，一点都不重要，重要的是你要在这个电梯里。

当然，换句话来说，如果有这样的认知高度，为自己的后代提供"一定要坐上这部电梯"的决策也是很厉害的一点，对比那些靠自己摸索的人，用"遥遥领先"来形容也不过分。

那作为中产，怎么做可以防止下一代阶层滑落？

我的一个朋友主要做广州珠江新城地段3000万元到1亿元

级别的房产交易服务。在一次年终闭门会上，他们请了一位北京大学的心理学博士过来做育儿分享。博士姐姐讲的那些心得，我已经忘得差不多了，但有一句话，我至今还印象深刻。她叹了口气说："目前在这里，想用钱封死阶层滑落的道路，我们还做不到。"

这是什么意思？

进入社会后，主要的两条路是从政和经商。但在目前的社会体制下，中产阶级都没办法用上一代的能量给下一代保底。前者不用说，至于后者，我的理解是中国商业节奏变化太快，即使是创始人本人也不能保证自己的命运一帆风顺，更别说传给下一代了。

这里解释一下所谓的保底。保底不是说有吃有穿，而是至少能把自己的家业、社会地位、资产和人脉传承给下一代。这是你做不到的，甚至在你踏入富人门槛后，让下一代至少封住比你低一个层级的位置也做不到。

再补充一点。中产阶级其实是最容易滑落返贫的。为什么？中产阶级所谓的生产资料，如自己的田地、房屋、知识、藏书等，看起来像是属于自己的，实际上都是虚幻的。

中产阶级，也就是古代能达到温饱水平的阶层，收益是老天给的，是丰年时的土地给的，是不牢靠的，他们的资产和人脉没有进入那个层层叠叠的，你中有我、我中有你的圈子。当饥荒来临，风雨飘摇，就不得不出售田地、房屋和其他资产……这就是中产阶级的悖论。

上一篇文章我讲M型社会的分化,讲的是同一个道理:要么奋力一跃成为富人,掌握生产资料,要么在波浪中承担返贫的风险。

总结一下,按照趋势逻辑来看,我们人生的重要决策,需要参考四条曲线:国势、产业、企业、个人。

绝大部分人能做的就是顺应趋势,做最佳决策。

找上升趋势,找顺周期,抓住多频共振的机遇是一个人决策力的体现,第一等"逆天改命"的人不是谁都能当得了。

所以,关于中产阶级(没有绝对意义上的生产资料的阶层)如何保证阶层不滑落,我有以下建议。

第一,如果你认为国运向上,未来将有机会实现跃迁,那么多读书、多看世界,扩大认知,积累资产,这是帮助下一代继续上升的最佳策略。

第二,如果你认为国运在未来的三十年里要进入低速增长,或者要等待科技突破带来的下一个康波周期,那么押注新赛道,押注自身拥有的生产资料,对下一代的传承来说是最佳策略。

第三,如果你处在未来上升的行业、产业赛道里,或在垄断行业里,如电力、烟草等行业,请尽量保持行业和关系的传承,比下一代要从零开始强得多。

第四,如果你是中产阶级,但下一代还需要从读书、打工开始"轮回",那就传承一些经验与智慧,让下一代少走弯路,这样一来,至少已经完成了从小城市到国内一线城市的跨越，这一个层级从你在一线城市投资买房的时候就已经保住。

第五，作为中产阶级，包括我自己在内，要认识到中产阶级赖以生存的两个核心——智慧和机遇，这都是不能遗传的。所以下一代本身就是在"本应该不如你，如果比你强，那是'祖坟冒青烟'"的基准线之下努力和折腾。

建议一 扩大认知，积累资产

建议二 押注新赛道，押注自身拥有的生产资料

建议三 保持行业和关系的传承

建议四 传承经验与智慧，让下一代少走弯路

建议五 认识到智慧和机遇都是不能遗传的

中产阶级如何保证阶层不滑落

别说中产阶级，古代的皇帝已经用了顶级的资源，也应用了大数定律，优中选优，也没办法保证山河永固，一代更比一代强。

我认识的那些小企业主们，很多都接受了下一代使用"防守型"策略，即不在读书和学习上过分努力，而是围绕资源、人脉与性格等方面去培养，企业的继承则交给职业经理人。

作为中产阶级，如果下一代没有天赋，自己就要把这个台垒高一点、再高一点，让下一代在滑落的路上走得慢一点、再慢一点。

这个世界没有只升不降的波浪。

看清大势，不与趋势作对，在力所能及的范围内做好自己能做的，在这个"钉子型"的社会，也比绝大多数人强了很多。

第一章
复盘时刻

1   几乎所有商业和管理决策的背后都是人，都是人对利益价值的考量。

2   掌握利益视角以后，你能看见人群的分化是利益的分化，并能从变化中找到规律，敏锐发掘出商业机会。

3   普通人从来都是在混乱和野蛮生长中实现跃迁，而不是在危机中壮大的。

4   只有在熟练掌握用利益视角去思考后，你才是一个真正成熟的人。

5   信息的传播和机会的出现不是随机的，而是像筛子一样一层层进行筛选的。

6   对于那些有利可图的事物，既得利益者都是小心翼翼、守口如瓶的。

7 做决策，不能光凭感觉，你要知道大势是什么。

8 不要想当然，要为了自己的人生，努力做更好的决策者。

9 人类社会最大的趋势是什么？是GDP的变化趋势。

10 真正优秀的创始人应该顺应规律、顺势而为，实现企业的跃迁式发展。

11 商业的结果是财富，能乘风而起就千万不要为了逞能，逆锋起笔。

12 看清大势，不与趋势作对，在力所能及的范围内做好自己能做的，在这个"钉子型"的社会，也比绝大多数人强了很多。

财

富

扫码查看如何赚认知的钱

Part 2 财富机会

潜藏在认知势能差里的红利

去那个没有信息壁垒的
新世界

十张二等舱的票，
也坐不了船的一等舱

在财富的天梯里，为什么要跃迁？

其实我想问的是，我能不能靠每年工资涨20%，四年翻一倍，然后省吃俭用，白手起家，慢慢攒到千万元净资产？

在我的读者里，除了创始人、高管外，还有很多人投资房子、炒股票。我们再"翻译"一下这个问题，我能不能靠买一套房，等房价涨了再卖掉，买同价位没涨的房子，一波一波慢慢吃，赚10倍？或者我能不能每天做T（在短时间内进行股票买卖获取利润），高抛低吸，日积月累，赚10倍？

但凡有过投资经历的人大概都知道答案是否定的。因为在财富积累的过程中，**质变推动量变**，但是**量变产生不了质变**。

线性积累的问题在于你的财富水平已经到新的层次了，但思维、消费、标签、圈子和别人的认可都还在原来的层次，它们会像泥沼一样拖着你在原来的环境里起不来。

我再说细一点，不同阶层是有明显画像的，展现在收入水平、融资模式、还款模式、消费水平等方面。

这有个专业的术语，叫"**用户画像**"。

万科当年以"家庭生命周期+支付能力+房屋价值"三个指标为基础，细分了十一个维度的客户，最终形成了五大客户类型：经济务实型家庭、富贵之家、望子成龙型家庭、社会新锐型家庭和健康养老型家庭。

你的收入水平处于什么级别，吃什么，住什么，怎么买房，怎么消费，开什么级别的车……他们都给你安排好了，然后把你装进这个框架，衡量这个圈子，然后给你提供这个层级的消费，你就成了典型的画像。

是什么人逼着你这么做，让你不能实现跃迁吗？不是，这是收入和消费的最佳性价比导致的。

其背后的逻辑是**决策性价比**。不同层级的消费和投资策略都是非线性的。

我再举个例子，买300万元的房子和买3000万元的房子有什么区别？我把问题"翻译"一下，3000万元等于300万的10倍吗？在数学上是这样的，但在操作上完全不是，这个问题的背后体现的是因人所处的阶层不同，导致操作手法也完全不同。

我的读者里有好几个研究房地产经济的朋友，如果你去问他们就知道，在一线城市里买300万元房子的人，多数是用公积金贷款、商业贷款和六个钱包慢慢还房贷。为什么？

因为买300万元房子的人的主要收入来自工资和存款。在广州，买300万元房子的人多数是年入20万至30万元的家庭。在这个区间内，他们的主要需求是自住，最佳贷款方式就是公积金贷款。

而买3000万元以上的房子，不是靠首付1000万元，每个月还10万元贷款，还30年这样买下来的，而是打通企业、房产、信用三方的关系，通过资本手段撬动杠杆得来的。

我再举个例子说明一下不同层级的系统性差别。我因为常年在外面跑，有一些会员权益，如希尔顿酒店的会员，航空公司的金卡、白金卡，刚性的年费信用卡等。这些会员都会给你一些优惠，如行政酒廊、房型升级、VIP候机厅……

说白了，推出这类会员权益就是让你用500元的价格，购买成本300元，标价2000元的服务。

如果你平时常住希尔顿体系的酒店，其会员权益体系可以留住你，不让你转去万豪酒店。但如果你平时住如家酒店，这个权益体系对你就没有吸引力。会员权益要求消费一定数量才能升级成金卡会员，我刚好就是它画像里的目标客户。

所以我购买这类会员权益是从性价比考量的，但如果有的人为了这些醋去包饺子，就是消费的错配。

不同阶层的消费选择和方式存在着系统性的差异，你赚钱的难度决定了你对消费的认知。

京东、山姆会员商店会利用年费会员把不同收入等级的人群隔开，航司里程、酒店会员、刚性年费白金信用卡等就是把普通客户和商务客户区分开。

所以，我们千万不要只看表面，要用利益视角去看。决策是看性价比的，跟本人是大方还是小气关系并不大。

我们再捋捋整个逻辑。在这些会员体系和优惠中，一年优惠1万元对你有吸引力，是因为你平时的生活、工作就处于这个消费等级。

如果是一年优惠20万元，你要达到更高的消费等级，也要有更高的收入水平，你自己或者公司才会为你支付。有更高的收入水平，你会为企业、为社会创造更大的价值，如一年创造500万元的产值。同时，围绕在你身边的关于税务筹划、咨询、理财、消费的信息也都完全不一样了，你明白了吗？

背后的逻辑就是这么层层嵌套起来的，缺一不可。

你去看《了不起的盖茨比》，一个被写进美国教科书里的小说，里面的"new money"和"old money"的区别就特别明显。"old money"，"老钱"，讲究的是什么？是不工作了也能靠资产和现金流这些被动收入维持稳定的生活。

真传一句话，保持阶层不下滑的秘密是掌握生产资料。

所以A7级别的人和很多看着像A7级别，实则是A8级别的人的钱都是出卖自身劳动力赚来的，知道财富积累要靠自己，所以他们很着急，希望下一代能继承自己的能力、智慧、天赋……然后继续靠这个去赚钱，这是最担心阶层下滑的一部分人。

跃迁是一次次进化与涅槃，所以我讲不同层级有系统性的差别的目的是什么？是想说，如果你只依靠原来阶层的打法，是很难在更高阶层继续成功的。

刘强东刚开始卖DVD（多用途数字光盘），是靠口碑、回头客挣钱的，后来误打误撞走进互联网，靠互联网杠杆赚钱。再后来他成立京东，开始深刻思考企业价值，决心投资仓储，提升物流效率，抓住了本质。

卖DVD，哪怕做到中关村最大，一年也就是七八位数；在互联网上卖产品，可能做成一个淘宝店，最多一年卖几亿元、几十亿元。只有自己扎根，打开了增长空间，才有喊出万亿市值的雄心壮志。

刘强东靠做淘宝店，攒了100亿元，会有投资人愿意给他投资，让他继续做到万亿企业么？不可能，因为赛道不对，天花板被封死了。

我想清楚这一套逻辑的时候，发现这是能解释那些中彩票的人很少"改命"的原因。中彩票获得的是意外得来的财富，他们对财富的认知还停留在主流圈子、主流收入、主流消费那个层级，社会有一千种办法收割他们，把他们打回原形。

你只有在"暴富"后快速跟上认知，能用上一阶层的玩法和手里的资源"钱滚钱"，赚到投入这么多资源该获得的回报，才算跻身进了上一阶层。

但这就是难点，你只会百万元级别投资，千万元级别的业务就是陌生的战场。"多算胜，少算不胜，而况于无算乎！"

我只有5000元左右月薪那会儿，靠拉炒股群、请老师、收学费，一天赚3万元。然后我就飘了，觉得自己赚钱这么牛，炒股肯定也很牛，后来把100万元投进股市，碰上"股灾"，剩30多万元。

那段时间，我感觉自己每天如同行尸走肉。后来我炒币，币值总额一度接近3000万元，因为都是靠小概率杠杆达到的，竟然一度冒出"再加一波杠杆，资产翻3倍，就能彻底退休"的想法，不知道见好就收，也不知道物极必反。

一天晚上，我被平台连续的预警短信和电话吵醒的时候为时已晚。

除了钱包里的10个比特币，平台交易全部爆仓，资产破亿的美梦破灭，那种浑身发麻、大脑缺氧的感受，我到现在还记得清清楚楚。再后来，我就老老实实赚钱、提升认知，不再和金融大佬们做对手盘。

普通人拿到一个亿，除了存银行，根本没有更好的理财方式。**你掌控不了你认知之外的财富**，这就是为什么要实现跃迁，不仅要实现财富的跃迁，也要实现认知的跃迁。

只有当你脑子里的"大富翁"游戏能驾驭百万元级、千万元级的财富，把模拟变成实战时，你才有把握继续增值，不掉回原来的阶层。这是我的血泪教训，也是我花一整篇的篇幅跟你聊的原因。

认知势能，
看不见的商业红利

国内的商品消费存在两种截然不同的逻辑。

一种是为"发烧"而生的，你是这个品牌的核心用户，你懂这个东西，你对内涵、价值、参数等了解得一清二楚。另一种是好看、好用的，其实你对这个东西了解并不透彻，但由于价位在那里、反馈在那里、广告在那里，你也不深究，模模糊糊就买了。

前者是一种工业化的商业模式，最典型的品牌是小米和万科采筑。小米的米家体系一直以超低价格和超高性价比闻名。

据说，当年雷军做充电宝的时候，他心中的有阳极氧化铝外壳、超大容量、具备快充功能、带IC保护的充电宝，市场上都卖100元左右。雷军对市面上的生产厂家调研了一圈，成本都要70多元，而当时拍板的定价是69元。这意味着，实实在在地卖一个出去都要亏几元钱。

怎么办？拆。

当时紫米的老板张峰在办公室的白板上画了一条二维曲线，对下面的高管说："生产成本是随着产量的提升而降低的，预计在大概卖出500万个后，通过集中采购就能实现盈亏平衡。如果能通过这种模式卖1 000万个，我们就可以赚到不少钱。"雷军后来在一次分享上也补充了一点，他说这种模式叫"健身房生意"，接亏本的订单就像去健身房锻炼身体一样，虽然可能赔钱，却能锻炼自己的生产线，让自己变得更强大。

实际上，后来依靠生态链不断孵化新的上市公司，小米赚得盆满钵满。

过去，投资人、企业赚资本市场的钱，老百姓赚企业让利的钱。高管赚股票估值的钱，普通员工赚资本带来的岗位溢价。

我们都有美好的未来。

现在，在资本的逆周期里，这条路基本已经被堵死了。

为什么国内出现这么多产业动荡、高管调整的情况，多数也和经济周期有关。风停了,企业要靠利润才能活下来,这是在传统意义上理解的商业模式。

那什么行业、什么产品是利润最大的呢?

如果你去知乎平台上看那些"键盘侠"写的文章,多数是告诉你做手机贴膜、卖小吃、通过淘宝批发赚差价……但是你见到哪些人是靠他们说的这种模式发了财的?

其实,多数情况下淘金的不赚钱,反而是卖锄头的赚到钱了。**因为你勤劳,他才能致富。**

流量红利和认知红利

从普世意义上来说,商业真正的红利只有两种:**流量红利**和**认知红利**。前者代表需求端的不平衡,后者代表供给端的不平衡。

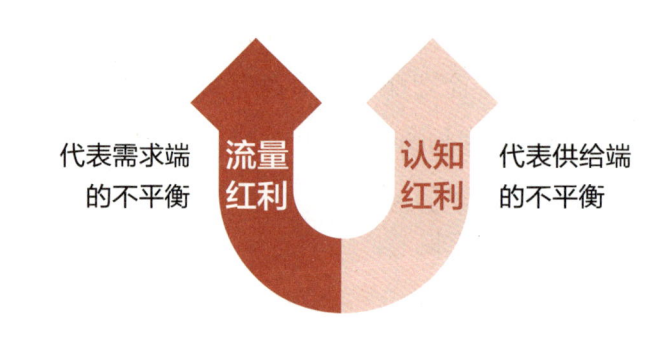

代表需求端的不平衡 **流量红利** **认知红利** 代表供给端的不平衡

商业的两种红利

这里先明确一个概念，什么是"红利"？就是你花一分力气，得到两分收获，多出来的这一分叫作"红利"。

我之前一直做咨询，靠加班堆时间，提升效率，一个人干两个人的活，拿1.5倍的工资，收入比同圈层的人高，这不叫红利。如果我的某篇公众号文章突然"爆了"，收到的打赏超过100万元，这才叫红利。但是很遗憾，公众号上这样的红利越来越稀少了。

普通人通过普通的努力，在一个好的时代获得处于平均水平的收入，这就是绝大部分人的现状。少部分人获得了流量红利，如在过去的公众号、抖音，现在的小红书，未来的视频号等，他们做出了成绩，跨越了阶层。

但这不是现在我想跟你分享的重点，我想分享的重点是人人都可以做到，靠认知势能获得红利。

我公众号文章的读者绝大多数是男性，所以我从男性的视角掰开、揉碎来讲讲这个逻辑。

之前有一个很火的产品叫"美图手机"。如果你是"数码控"，就会知道这玩意儿是典型的"高价低配"。这些所谓的"美图"功能，都是极容易用软件算法实现的。至于底层的硬件，那些要花钱的部分，在这类手机中根本不占优势，但这类手机就是在女性中风靡，卖得好，以至于小米、华为、

OPPO、VIVO等品牌在某段时间内都推出过以女性用户为主的手机作为利润品。因为商家敏锐地发现，外观好看、配置一般的手机也是有人愿意支付溢价的。

这就是认知差！

商家拼命想通过创造新概念、形成新共识来创造认知势能，获取认知红利。而消费者拼命想用市场优胜劣汰的力量，选择经过检验的，没有超额利润的产品。

商业的三种定价方法

很多人都说要赚认知内的钱，但从硬币的反面看，也应该做认知内的消费。我们绝大部分人，包括我在内，都只是普通人，所以我们能接触到的都是一些工业品。说白了，衣食住行涉及的产品，都是工业化时代在流水线上生产出来的。

这些产品达到一定的生产规模后，除非有技术、知识的壁垒，否则一定会被同行"卷"到超额利润消失。

有一种练习书法的布，在你用毛笔沾水书写时，显示出来的是和用墨水书写一样的字迹。等水干了，字迹消失得无影无踪，你又可以重新在上面写字。作为书法练习者，你大概不会有什么传世的好作品留下来，这种重复利用其实是很好的节约和进步。

但问题来了，这样一张水写布卖多少钱？这里面有三种定价方法：

第一，测算使用价值。 水写布能写多少次，能替代多少张毛边纸，然后以此为基础定价，并打个折，如果水写布等于价值100元的毛边纸，它卖50元，应该有不少人愿意来买。

第二，以其唯一性为卖点销售。 因为这是一项发明，我有而别人没有，定一个高于使用价值、带认知势能、且有唯一性的价格。

第三，按成本核算。 用我生产这个产品的成本价格，加上一定的利润再定个价，然后卖尽量多的数量。

这三种定价方法，背后都有一套逻辑支撑。

如果你是发明者，当然希望采用第二种方法，自己的发明可以通过产品有更高的溢价。如果你是厂商，你肯定希望至少按使用价值来测算，因为在多数情况下，这个产品的出现和商业化，一定是因为它有利润空间。如果你是消费者，或者是小米那样的集中采购平台，你大概会希望按成本核算，并且还希望能不断压低成本。

我们随便取个名，第一种叫作"生产者定价"，第二种叫作"发明家定价"，第三种叫作"劳动者定价"。

为什么我会对这个有强烈的感知呢？因为咨询行业本身就是这个商业逻辑。

面对那些业务能力比你强、认知比你深刻的大客户，你最多像"僚机"一样,帮他们做一些专业分工类的工作。很多咨询顾问不想服务他们,但由于项目多、稳定,不得不硬着头皮上,这类客户是最让人尴尬的。

很多咨询公司因为还需要靠在这些大公司的项目服务经历,去刷自己的品牌,刷自己的履历,所以愿意在这方面让步,就像很多人想要靠在咨询公司工作的经历,刷自己的履历一样。这些客户制定预算,就是按照劳动者定价的逻辑。

还有一些客户愿意出钱,希望你做出成果,按照效果分利润。这类客户一般重交付,扎实做服务和业绩,想放大核心优势,借助市场的东风赚一波红利。

最后一类客户有某方面的需求,但自己又做不到,需要借助外部机构。最典型的就是企业上市前的辅导,联合券商、会所,做上市前的完善和策划辅导,或企业并购后的组织、管理体系整合等。

这类现在也是我的核心客户,因为能真正把认知差进行转化,将所学的知识和储备的经验用在最需要的地方。这是发明家定价的逻辑。

用生产者的成本,卖发明家的价格

同一个事物在不同的定价逻辑中,会产生不同的价格。作为企业老板,当然都希望用唯一性创造更大的价值,但事情没有这么简单。正如我前面讲水写布的例子,刚开始我在电视购物渠道看到这个商品时，它卖多少钱呢？299元。

制造水写布的企业用的是发明家定价法，认为自己在发明、生产、商用方面付出了巨大的心血。但后来经过市场验证，因为技术难度不大，立马遭到各类小厂的仿制，在淘宝、拼多多等平台大量铺货。

现在它卖多少钱呢？9.9元，还包邮。

所以很多时候，我们喊着研发，喊着创新驱动，但一个产品、一个创意被生产出来后就很快就会从发明家价格被拉到劳动者价格，企业会不愿意在研发上进行投入。因为企业投入的成本很高，但研发出来的东西可能被别人用很低的价格仿制，而且还不好维权，或者说维权收益很小。

在整个环境都还没有被改善的时候，做乌托邦是会"死"得很惨的，只有顺应环境才是生存之道。

那么在这种环境下，采用什么策略，性价比是最高的？那就是逆趋势而动，把在行业内已经公开的东西向另一个认知低的群体传播，**用生产者的成本，卖发明家的价格**。

去赚取认知差的红利

讲到这里，我想和你说的内容就已经相对清晰了。

人只有在快"饿死"的时候，才会打破执念、顺应市场，不偏执，去寻找本来的规律。

刚开始，花西子这个品牌是很传统的，打明星代言，走产品发布路线，打广告搞什么"东方美妆"，结果做得快"死"掉了。

为什么会这样？因为没有找对自己的客户群体和产品的转化路径。说白了，所谓的"东方美妆"只是你认为的好，你认为的独特，那些都是"你认为的"，但市场不认。

那又该怎么办呢？我见过太多的品牌，钱"烧"完，品牌就这样"死"掉了。对很多找我来做咨询的品牌，我的回复都是提供服务可以，不保证"活"，也就是我可以给一个劳动者定价的报价，但不要让我对结果负责。

但是花西子找到了出路。花西子的逻辑是不玩以前那一套，**直接打认知差，看费效比**。它用了什么手段呢？直接从在女生的认知里和大牌竞争，变成占领男生的送礼认知，换句话说就是主打成为年轻男生在各个节日里送女朋友的礼物。这一下，战场彻底就变了。

我给你拆解一下，为什么这是一个绝佳的战略方向。之前的竞争是直接和那些国际大牌抢心智，就像我玩摄影，国产品牌在我心里想要超越徕卡等品牌，估计还要很多年，而且前提是其技术已经超越。

而现在花西子的竞争对手则是淘宝、小红书等平台上的一众杂牌礼物，从在化妆品市场里竞争变成了在礼物市场里竞争，竞争对手一下就低了几个档次。外人看来花西子的产品既好看又成套，礼物属性比那些杂牌礼物不知道高到哪里去了，而且价格又适中。

它收割的就是这一部分客户，很明确地说，不用收割所有客户，不用所有人都喜欢，有一部分人愿意购买就可以了。

再给你举个例子，作为创始人，我的咨询公司主打的也是这样的比较。我在内咨所、外咨所干过，在德勤华永待过，但为什么我在外面都要说自己是麦肯锡学派的顾问呢？因为这也是一种增强势能的表现。如果拼咨询经历，我的学历、履历肯定比不过那些从北京大学毕业，去了哈佛大学读MBA（工商管理硕士），然后回来在MBB（麦肯锡公司、贝恩公司、波士顿咨询公司）工作的人。

但是我很清楚，我不是要和他们竞争。你觉得要和他们竞争，是因为客户只知道这一个竞争维度，他听的介绍都是在哪所学校毕业，在哪家咨询公司工作。

如果用这种比法，你永远比不过人家，小公司上面有大公司，即使是MBB，往上还有高盛、摩根。所以，你必须要有自己的竞争策略，我的竞争策略就是"我是麦肯锡学派的顾问"。

中国的咨询顾问有几类，一类是本土的，过去叫点子公司、策划公司；一类是华为、阿里派的，主要介绍他们公司的管理方法；还有一类就是麦肯锡学派的，讲究逻辑、方法论，将西方管理理论和国内实际相结合。我同时有在外咨所、内咨所工作的经历，一有高度，二有适配性，能根据实际情况进行分析。

这样一来，我把竞争拉到了另一个维度，当我的公司在和其他公司比较的时候，就不是比规模、人员和招牌等，而是在我自己独创的维度里和其他公司去竞争。争得过吗？遇见强大的咨询公司，当然还是争不过。

不过我就不在那个市场竞争了，我去和那些华为系的老师，做传统业务的老师，做培训的老师，在点子公司的老师去竞争，去吃这个市场的份额，效果显著。

人最怕的就是明明环境已经发生变化了，还要一条道走到黑。

我在很多地方都讲过，人类的共识是不传递的，也是不均匀的，就像长江水不是均匀下坡流向大海的，而是经过几级大落差，最后平缓地流到海里。而那几个大落差具有强大的势能，你只需要把发电机和涡轮等设施建在那些地方，巨大的势能就能带来源源不断的电力。

认知也是这样，有认知差，有产品载体的地方能带来巨大的势能，从而转化成财富。

这句话我曾经讲过，但我能讲的也就这么多了，剩下需要靠"悟"。很多人理解为"我要搞创新，提升自己的认知势能"，其实这都是对认知势能片面的理解而已。

创新本来就是种很复杂，也有很大风险的行为。创新匹配的应该是"风投",但现在风停了,你去搞创新、搞研发,几乎是死路一条。不是最强大的企业活得最好,而是最适应环境的企业活得最好。所以我说,要么花钱、要么花时间、要么靠悟性,才能比普通人强一点点。

所谓人和人的差别,主要就在认知和决策的不同上。

"深刻"是普通人最大的机会

我先讲个故事。

1

我之前参加一个商业论坛,和一个富二代一起聊商业模式。到了提问环节,一个看起来像是学生的年轻人,拿着话筒问:"一个没有'关系'的普通人,靠自己一步一步走到你所在的位置,概率有多大?"这个问题明显更适合我回答,但那个戴着黑框眼镜的年轻小伙希望富二代作答。富二代寒暄几句,说:"你要努力做好每一件事,努力就能成功!"

几乎只要在社会上直面商业几年的人都会明白,努力只是成功的诸多因素里的一个,甚至不是最重要的那一个。我深刻记得这个场景,聚光灯下的富二代梳着油头,举手投足间很有魅力,以至于他能够成为焦点,刺激观众情绪,被报以热烈的掌声,哪怕他口中的努力和普通人的努力有本质区别。

富二代的努力是怎么变现资源,普通人的努力是怎么获得资源。有的人终其一生只不过达到了别人的起点,说的就是这个意思。

2

意犹未尽?那我再讲一个故事。

一个读者在我的公众号里留言问:"你服务的政企单位那么多,请问缺钱、缺资源的小城市该怎么去和大城市竞争呢?"

我的回答主要表达了一个意思:落后的城市想"逆袭",无论用什么方法,"难"是大前提。千万不要觉得用了什么制胜一招,就能逆风翻盘,以弱胜强。**到了一定程度,拼的都是硬实力,**没什么奇技淫巧。

之前我听说过历史上许多以弱胜强的故事，但拆解一下经典战役，根本没有所谓的以弱胜强，看似弱势的一方从来都是在以少对多的时候不跟对方打，只有在局部兵力有绝对优势，且占据主动的时候，才发起进攻。这本质还是以多打少，只不过他们通过聚焦，在局部把兵力的劣势变成了优势，用一个个小战役，赢得了战争。

那么问题来了，普通人怎么实现"逆袭"？有没有可执行的方法论？

3

这是我这几年对财富的核心感悟，即"聚焦+杠杆"。

所谓聚焦，就是用认知实现单点突破，形成比较优势，撬动别人的资源。换句话说，就是用局部的绝对优势和有资源的人合作共赢。记住，不是寻求施舍，而是合作共赢。

做什么事情，一定要有比别人做得好的心态和气势。例如，我写公众号文章时并没有什么先天优势，也错过了黄金时期，但还是"死磕"，每天写、每天写，内容猛、干货多，积累到一两年后，优势就出来了。

你可以不喜欢你的工作，也可以对你的生活迷茫，但你总要有一点拿手的事，从一个纯粹的消费者变为一个生产者，**只有给别人产生价值，才能撬动资源，走向更大的世界。**

不然，拥有资源的人为什么要和你合作？定一个目标，花一年、三年、五年的时间，建立自己的绝对优势领域，这是所有没钱、没资源的人实现跃迁的必要条件。

再说杠杆，成功的投资人都是加杠杆的，为什么？因为仅仅靠打工赚来的钱太少了，但我不是鼓励你去加杠杆炒股、炒币，加杠杆的核心在于提升对事物的认知能力。

我之前炒股就是盯着几只股票看，反复炒、反复吃，最终赚到钱了。而我因为对什么都好奇，什么都搞，但精力有限，除了咨询主业，对其他渠道的研究不那么深刻，所以只听大佬的消息做交易，经常亏。

加杠杆绝对不是为了刺激，而是在正确的认知上加筹码。

4

再说几个感悟。

第一，抓好职业生涯的黄金时期，一层层突破天花板。

我们明显感受到身边的朋友在30岁以后，不少人的眼界、财富和社会地位迅速崛起。35岁成为一个巨大的分水岭，到了这个年龄还没有崛起的人似乎很艰难，甚至连猎头都不再搭理他。崛起了的人不论是在政府单位，还是在一些企业的中高层或其他创业团队，都进入了另一个层次的竞争。

不要觉得崛起需要很长时间，刘邦从斩白蛇起义到称霸天下，一共花了十年左右，中途还包括窝在汉中"中场休息"的时间。在《三国演义》里，关羽和"草鞋刘""猪肉张"结拜，到"温酒斩华雄"一战成名，不过几年而已。所以要抓好职业生涯30岁到45岁的黄金时期，一层层突破天花板。

第二，一定要购置优质资产，享受资产增值收益。

一定要购置优质资产，享受资产增值收益，尤其是辛苦用时间、工作换来的钱。这就是我以前屡次提到的"个人扩表"的概念。把负债或负债额度当成个人资产中的一项，学习合理利用它，用更好的增长性资产，抵御不可避免的通货膨胀。但敢不敢上杠杆，怎么上杠杆，怎么提高胜率，每个人的策略都不一样，需要持续学习和精进。

第三，提升认知是成长的根本。

从过去的债权到未来的股权，多去琢磨琢磨这事与自己有什么关系，能从中看到什么机会？然后把这些观点作为生产力工具发布出去，让更多人看到，从而撬动更多的资源、链接与

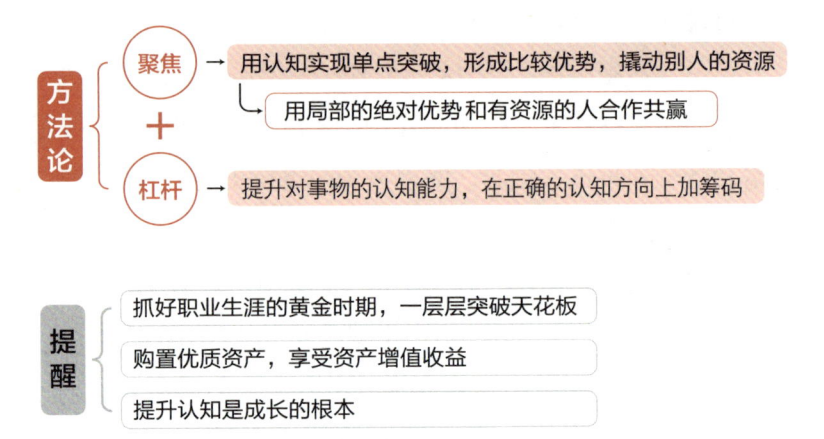

方法论
- 聚焦 → 用认知实现单点突破，形成比较优势，撬动别人的资源
  - 用局部的绝对优势和有资源的人合作共赢
- 杠杆 → 提升对事物的认知能力，在正确的认知方向上加筹码

提醒
- 抓好职业生涯的黄金时期，一层层突破天花板
- 购置优质资产，享受资产增值收益
- 提升认知是成长的根本

普通人"逆袭"的方法论

合作。这是一个人实现跃迁的养分和台阶。

房地产、医疗、互联网、咨询服务……任何一个行业,只要摸清了核心玩法,都有巨大的机遇。不要总看肤浅的、宏观的东西,研究一个东西就要想办法搞透,比别人深一层、比别人多一层,财富就属于你。

优秀而不自知的人
是宝藏

关于高考，有一件事情值得一说，高考里最优秀的那批学生的分数是被屏蔽的。

我之前讲过一个故事，所有主角的冒险都是从"优秀而不自知"开始的。少林寺的和尚学成下山，第一个要打的就是地痞流氓，只有和地痞流氓过招，观众对主角能力的期待才会有个基准线。故事再引出主角与最终Boss（头目）的第一次见面，他发现自己打不过，又跑回去修炼、突破，再遇反派，打败对方。

这就是一般英雄电影的叙事节奏，它不是我总结出来的，早在1948年，美国比较神话学家约瑟夫·坎贝尔在《千面英雄》中就写出来了，直到今天，好莱坞英雄片的内核都还遵照这个起承转合的叙事过程。

我重点想跟你聊的是，为什么英雄在刚开始时都优秀而不自知？对于这个问题，我一度想了很久。现在我画了个矩阵，根据"是否优秀"和"是否自知"把人分成四类。

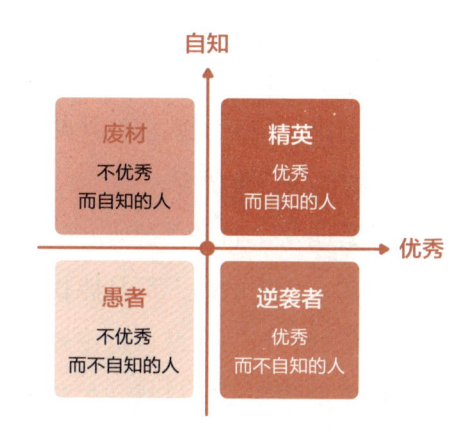

	自知	
废材 不优秀 而自知的人		精英 优秀 而自知的人
		优秀
愚者 不优秀 而不自知的人		逆袭者 优秀 而不自知的人

"优秀—自知"矩阵

在故事里，主角一般都是优秀而不自知的，如《火影忍者》里的漩涡鸣人，《灌篮高手》里的樱木花道，《七龙珠》里的孙悟空。而故事里的男二号往往是优秀而自知的，如宇智波佐助、流川枫、贝吉塔，他们优秀且知道自己优秀。

很有意思的是,用基准线思考法来分析,前者对自己的认知基准线是不清晰的,后者对自己的认知基准线是清晰的。

我们会将自己代入主角的成长历程,陪主角一起觉醒,为他的成长和觉醒感到快乐或揪心,陪他一起走过整个确定认知基准线的过程。

读者为什么会有这样的心理过程?

大概是因为读者站在上帝视角,对主角的认知是清晰的。你知道,而主角不知道,这就造成了认知差,当你想要弥合这个差距时,就产生了代入感。

每个人都会自觉寻求与自己的价值创造和能力相匹配的回报,你的自我认知越清晰,想要的回报就越贴近市场价格,中间商赚不到差价,你的伯乐就越稀少。

出门在外,靠的是朋友,如果你把所有的蛋糕都分走了,自然也不容易交到朋友。优秀的商人都是能找到差价,找到价格空间,从而把最合适的材料摆在最合适位置的人。如果你自己已经在最合适的位置上躺好了,自然就无法跟人合作,只能参与市场分工和竞争了。巴菲特炒股起家的策略,就是买市值被低估的股票。这个股票值6元,在只有3元的时候买下它,之后等估值修复。

我认识一个做运动康复的抖音博主,自己白天上班,晚上拍视频,四个月就"一不小心"收获了接近200万粉丝,但还拿着每月几千元的工资。有一次他过来问我,说不知道怎么变现。我说，不用他自己来变现，而是把自己按市场价四折的价格打包，再找人谈合作，也就是先变现一部分，剩下的再慢慢想办法。

你不知道自己值多少钱，但总有人知道。**你赚自己认知内的这一部分，剩下的和人分成，共同放大。**

所以，从这个角度来讲，穿校服的规定、"双减政策"的出台都从客观上禁止了比较，创造了"逆袭"和良性错配的可能性。就像在大学里，双方谈恋爱受家庭背景或财富等因素的影响很小，和社会上讲究的门当户对是两回事。近年开始发力的视频号，相比于抖音的极端透明和"内卷"，可能是个更适应人性，更有持续生命力的产品。

从操盘手的角度来说，反基准线和反比较，人为制造信息茧房或许是脱离"内卷"和焦虑的一个好办法。

信息差已死，
认知差永生

在一次周会上，我当众批评了一个小伙伴，因为他交付给客户的东西是我们内部一份资料的"套皮版"。换句话说，小伙伴拿了上一个项目的交付方案，简单改改就当成这个项目的方案发给客户了。乍一听好像没什么问题，因为在大多数公司里这算不得什么，员工把相似的方案改一改，当作自己的方案交差。

我复盘了一下我生气的原因。

首先是框架结构问题。 你们也许经历过这样的场景：领导要写一个方案，下属在网上搜了一些资料，找了个最相似的文件来参考。80%的内容可以直接用，但还有20%的内容明显和公司的要求不太一样。下属想改但发现文件结构不好动，否则就要大改，所以最终就简单改了内容，换了公司名字，交差应付。不过，这种方案在我们公司是过不了关的。

一般人对问题的认知是"问题—答案"。所以在面对客户的时候，我们经常被问到有没有做过类似的案例，这就是经验主义的做法。

但咨询工作的典型逻辑是"问题—思路—答案"，就像做数学题要有一个证明的过程。

因为这个过程能够在程序上确保你的思路是对的，最后的答案不是瞎碰出来的。而在网上找的案例大多有一整套隐藏在案例背后的思路逻辑，它们展示出来的东西仅仅是达成一致后的冰山一角。

有时候客户明明知道你的方案写得不行，却提不出问题，那仅仅是因为他不知道怎么表达，但后面客户不续单、更换合作伙伴等举动会说明一切。

在我们公司，客户按期付款，说明满意度仅仅达到60分的水平。所以，我的要求是方案要有自己的框架结构，资料只能作为素材填充。如果完全借用别人的框架，那么最终的方案也不一定是你和客户想要的。

其次是内容详略的问题。哪怕方案有相同的框架，由于产生问题的原因不一样，其内容详略也是不同的。我原来讲过麦肯锡咨询方法"如何界定问题",实际上在界定问题后,你可能面对的是4大块、48小块和320个支项的内容。如果全做可不可以呢?当然可以。但付出巨大的成本还是小事,最终的汇报文件平淡如水、详略不当,就很容易在客户那里被"毙"掉。

麦肯锡方法的第二部分——分析问题里有个很重要的点,就是把问题按照重要程度排序。我们有很多话、很多故事讲的都是这个意思。

毛泽东同志指出:"如果存在着两个以上矛盾的复杂过程的话,就要用全力找出它的主要矛盾。捉住了这个主要矛盾,一切问题就迎刃而解了。"谚语有云:"牵牛要牵牛鼻子。"因为面对的环境不同、问题不同,所以"套皮"方案的内容详略程度很容易与实际需求不符。

客户真正关心的地方写得简略,客户不一定关心的地方反而写得详尽,如果你碰见这样的方案,记得打"差评"。

最后是价值创造问题。我经常讲价值创造、价值评价、价值分配,很多人在工作几年后就停止了思考和学习,靠过去的经验和职位的信息差混职场。这一点在这两年被裁员的这批人里表现得非常明显,有的人遇到了职业天花板,有的人做到了管理层,但都不愿意再学习、进步,而是像一根管道一样把上面的要求传到下面,或者像一台机器一样把旧知识粘在新文件里。

为什么之前这种岗位能存在？因为人的精力有限，大公司的老板、高管的管理幅度没有这么宽，所以需要这么一批人，美其名曰"中层"。

曾经有一个笑话，两个食人族来到了IBM公司上班，老板提出的要求是不许吃人，结果两个月后食人族被开除了。二人垂头丧气地走出去，高个子的骂矮个子的："说了叫你小心点，不能见到什么人都流口水！之前咱们一周吃一个中层，一直没事。现在你吃个清洁工，三天不到就被发现了！"

在规模不断扩张的顺周期，层级的存在分担了高层的任务节约了高层的时间，让高层有精力聚焦于战略层面的思考，这是有意义的。但来到逆周期，企业需要减员增效的时候，价值创造的重要性就凸显出来了——毕竟得有人干活啊！

在咨询公司这种扁平化管理的企业里，这种情况表现得更加明显。咨询公司的价值创造就在于有质量、有重量的思考，你要懂客户的需求，你要懂人性、懂表达、懂说服，尤其是能把客户想表达的意思表达出来。我的文章经常被人这么表扬："你说出了我想说又说不出的话。"这点是AI暂时替代不了的。

具体到项目上，就是根据客户需求，搭建符合情况的管理框架等。那种"套皮"的方案，在ChatGPT出现后，即使是一个年轻的实习生，拿着工具照样能完成。就像在工业革命后掌握了火器的新式部队，能以夸张的战损比战胜旧时代每天练冷兵器的步兵或骑兵一样。

靠信息差，而不是认知差混职场的，迟早要面临被掀翻的风险。

别总盯着钱，
多想想怎么变值钱

我之前去和一个做理疗养生的客户商谈。

客户做按摩、拔罐等一系列保健按摩类业务。他在现在的老板手下干了几年，有一些回头客，还有一些人希望给他投资，但他没当过老板，不知道怎么开始。客户说他现在的理疗手法和效果还是很好的，有顾客从外地过来专门做理疗，所以他现在想自己开家店，多赚一点钱，但又不知道怎么开始，所以想请我帮忙指导。

我问他现在一个月拿多少钱，客户说了一个数。我又问他的目标是什么，他说他就想多赚点钱，但又担心自己会亏本，与其他人合伙开店又不好分钱。我拿了纸笔，把一家店的盈利模型画了出来。

模型分成三层，第一层是成本，第二层是业务流程，第三层是收益与利润分配。

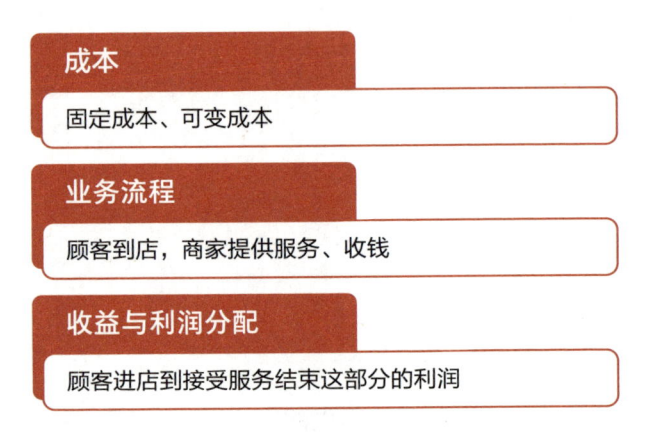

成本
固定成本、可变成本

业务流程
顾客到店，商家提供服务、收钱

收益与利润分配
顾客进店到接受服务结束这部分的利润

盈利模型

我以业务流程为核心进行了拆解。成本层分为固定成本、可变成本。固定成本包括店租、仪器、装修、人工等方面涉及的费用，是每个月固定要投入的。可变成本包括耗材、在平台投流等方面涉及的费用，是根据客户数量变动的，现在的风险在于不知道客户有多少。

我画了一条"需求—价格"曲线图对他说，我们追求的应该是收益最大化，收益涉及他的产品，那么他各项服务的定价是多少？客户说了一下。我又问，哪些是引流品，哪些是利润品？现在的促销机制和充值机制是什么？客户说没有。

我说，好，没关系，我们继续。在业务流程层面，他的流程很简单，就是顾客到店，他提供服务，然后收钱——一个简单的闭环。在下面的收益与利润分配层面，收益是从顾客进店到接受服务结束这部分的利润，客户觉得这部分的活都是自己干的，但是被分配的提成太少了。

我告诉客户，前面这部分营销是有价值的，例如怎么让顾客从知晓这家店到决定进店。这个价值体现在装修或宣传等方面，它现在是老板承担的，他给工资、给房租、给装修……这部分是投入的资本，资本是有回报率的，因为要冒风险，所以也要有收益来对冲风险。

我建议不要总想着自己分的钱不够多，对于分配的比例，大家都会觉得自己少了，别人多了。不信问问老板，他也觉得自己的占比太低、太委屈了。

或许还可以想一下自己要怎么变得"值钱"？这个"值钱"不是说做更多的单，服务更多的客户，这都是线性的收益。我建议他去思考能不能在现在的基础上创造更多的价值。

而且客户可以设计一个复购优惠，顾客复购属于他自己的功劳，这一部分的价值包含营销，他可以占有的利润会更多。另外，在整个价值链上，他愿不愿意去冒险投资、拓新，还是只愿意打工，赚无风险的利润？他对顾客的评价是感知性的，有顾客觉得好，告诉他了，自然也有顾客觉得不好，但他可能不知道。

但其实个体的反馈并不重要，**重要的是要通过数据化的形式建立起基准线。**

我做咨询，客户的续单率超过70%，我的公众号的付费比、关注比远超大多数同行……这些都与数据思维有关。客户对他的评价可能是骗他的，只有真金白银，只有在这里办卡、充值、拉新、裂变，才能说明他真正踩到了趋势，市场会买单。

我相信他说的技术好、效果好，但他现在要做的不是着急去开店，也不是跟现在的老板说自己厉害，要多收钱，而是应该把60%的精力用于完成现在的工作，少依靠加班赚钱。然后，再用40%的精力思考我说的拓客、留存、转化……最终提升自己对整个价值链的理解，创造更高的价值，从增量里分钱。

最后，他需要额外拿出20%的精力去选点，研究供应链上下游，和美团的推广人员聊，思考关于品牌、投资的事情，理解流量，积累自己的个人信任值，树立个人品牌。

等到他能看出这家店可以通过美团平台做线上业务，通过会员制、积分制留住客户，通过引流品、利润品的设计优化产品结构并划分用户，建立新的用户体系，通过加盟制、合伙制绑住核心人才，降低投资风险……这时，他再离职去开店，成功率会比现在高得多。

他的这次咨询看似花了钱，实际上省了钱，因为这是在告诉他，不要在啥也不懂的时候，因为思路错误，过早把几万元、几十万元投到风险更大的游戏里。谁的钱都不是大风刮来的，先通过模拟和学习提升胜率，再下注赌一把，这会比因为反感老板，就决定像愣头青一样去水更深的市场里赌一把，要踏实靠谱得多。

价值有三个层次，
多数人都被按死在第一层

故事先从张艺谋说起。

2012年，张艺谋出了一本书，叫《张艺谋的作业》，尽管读者们一再被强调这不是自传，但无论如何，这都是一本能够系统还原张艺谋成长经历的一本书。

张艺谋说："工具不是个坏词儿，有用也是我们这一代人深入骨髓的价值感。"他用三年多攒下的钱买了人生第一部相机，用把自己"工具化"的方式获得了足够多的拍摄机会。在这本书后面的内容里，他又着重讲了自己的一些事迹，例如他是如何通过下笨功夫，获得扎实的摄影、色彩和构图技巧，又是如何主动亮出自己的闪光点，实现几次飞跃的。

"有用"是他在这本书里强调最多的。"工具化"自己，让他在那个年代里避开了一些不好的东西，从而能够在艺术道路上前进，成为年长班里同学十岁的老大哥"老谋子"。

"工具化"自己这个事儿，其实很好理解。

我在读大学那会儿参加摄影协会，自己凑钱买单反相机，参与学校拍摄活动。和"老谋子"讲的故事如出一辙，当大部分普通人只是个符号，而你是一个顺手的工具的时候，你就超越了很多人。在智能手机出来之前，相机是主要的拍摄工具，还需要你懂得比较复杂的操作，如果你有设备、会操作，就能获得更多机会。

过去20年，在互联网经济高速发展的阶段，如果你在大学里读了计算机相关专业，成了一名"码农"，就会拿到超出平均工资水平的薪资。学C语言，学Python，一定比学英语、德语、人力资源管理和行政管理难很多吗？不一定。但老板拿着你的东西，可以产生价值。

这几年，所有做短视频的人都告诉我，做短视频是没有技术门槛的。但那些卖课的人，教你怎么布景、打光的人，大多都赚到钱了。为什么？因为他教你使用工具，教你一门手艺，让你有被社会使用的商业价值。所以他可以收费，他就赚到了钱。

扪心自问一下，如果你现在所处的行业倒闭了，你有哪些手艺是可以立马被捡起来，让你去谋生的？

八年前，我在服务一家房地产企业的时候，一个分公司的负责人就跟我说，他们设计靠设计院，施工靠建设单位，监理找第三方，管理找咨询公司。他们所有的能力都是整合能力，下面的人对具体的规定、参数、原理都不了解，但因为他们发展太快了，大家都坐火箭般地升上来。

我管这叫"**发展期红利**"，很多十多年前进入社会的家伙就享受了这样的红利，他们觉得工资年年涨，奖金年年拿是理所当然的。但不是全社会都这样，也不是一直都有这种红利。

多数大学里有论资排辈、级别森严的体系，我的一个有副高级职称的朋友，本来想争取一下他所在系的系主任职位，但后来学校发布了人才引进计划，一个更年轻的系主任来了。他就变得"佛系"了，在一次吃饭时跟我说，现在的系主任比他年轻，他的整个职业生涯已经没有希望了。

其实多数行业、多数时间都是这样的。在工业革命推动社会进步前，人们的生活差距其实是不大的，影响人们幸福指数的仅仅是他们所处的那个时期是一个朝代的盛世还是末世。

所以你可以理解之前的一些医药类、建筑类或冶炼类的技术书，在现在还可以继续被使用。爷爷用经验打败了爸爸，50岁的爷爷种地的产量比25岁的爸爸的产量还要高。

这就是为什么我们有很多像"不听老人言""吃过的盐比你吃过的饭还多"的古训。因为那个时代是"轮回"，是存量市场，是没有太大进步的。在西方，有人把这事儿总结了一下，还安了一个名词，叫"马尔萨斯陷阱"。

在时间的长河中，中国一直鼓励和推崇人们拥有一技之长，因为技能是实实在在创造价值，满足需求的。从古至今，人们多数时间生活在供给缺乏的时代，所以几千年来一直重农抑商，因为供给不足，所以提升流通效率的用处不大，提升生产效率才是王道。

回到互联网红利殆尽、新科技树没有点开、康波周期交替的今天，**要想转型和生存，有一门手艺极为重要。**

在现代社会，一个人有一门过硬的技术，哪怕是楼下文印店里小哥的修图技术，加上一点点生产资料，月入过万肯定都没问题。别小看这一点，如果能做到，你已经超过了社会上80%的人。

我之前去买东西，喜欢拿两种相同的东西，如两种不同价格的虫草，问为什么这个贵，为什么那个便宜。如果对方回答"一分钱一分货"或"这个东西进价贵"，我就先撤了。

我相信任何一个行业都有认知差，如果你对这个产品、服务的理解都这么笼统，我不相信你可以持久地赚到钱，除非这个行业的钱太好赚了。

所以销售也好、管理也好，没有对产品和服务的认知和洞察，就容易被认知势能更大的人欺负，哪怕他是你的下属或者乙方。

好，到这里，第一层价值就讲完了，我们可称其为"**工具价值**"。你会使用工具，能掌握一门手艺，你就比没有这些的人有价值。

那么，假设两个人有同样的工具价值，未来谁会有更大的发展？这就是我们要讲的第二层价值——**结构价值**。

很多人都看过电视剧《天道》，我简单介绍一下，故事就是"满级大佬"丁元英在一个小城帮一个姑娘造梦，利用商业规律在贫困的王庙村搞了个商业神话。电视剧后半段都是围绕丁元英操盘，在王庙村做音响展开的。很多人觉得，我要创业、要当老板、要做事，需要雄厚的资金、各种人脉等，这其实是被困在思维的牢笼里了，成事的核心是机会以及对机会的认知。

当你踏中了风口，你会感受到人、财和各种资源都在源源不断向你涌来。在电视剧里，丁元英有钱吗？没钱。认识古城的人吗？认识一两个。那他是怎么把事做成的呢？因为他有操盘的能力，**这个操盘的能力就是结构价值。**

什么是结构价值，我再给你掰开、揉碎细讲。

一朵乌云飘过来，下了倾盆大雨，普通人被雨淋到身上才知道要往家里跑；当高手看到乌云压过来，知道可能要下雨，就会提前打伞；而顶级高手根据卫星云图和气流信息等，十天前就知道今天要下雨。

可能你听完还没太明白，这跟操盘手有什么关系？一千多年前，一个操盘手预测出十天以后有大雾，于是叫了一群士兵，扎了几个稻草人到江上晃荡一圈，拾取了十万支箭矢。

我们经常说的认知就在这一层，而这里又分了三个层次。

第一层是对系统的结构认知。它拥有把一个模糊的问题或概念具象化、"拆包"的能力。

比如，你写了一篇公文发给领导，领导说："这个格式不太规范，不是公文的标准格式。"如果你对这个系统有了解，你就会知道公文正文用三号仿宋体字，每个自然段左空二字，回行顶格等规则。

事实上，很多时候甲方或者领导的命令比这个还要含糊，经常只告诉你这个格式不规范，但对于什么是规范的格式，他说不出个一、二、三点来。

如果你今天问三号字还是四号字好看，明天问行间距是30

磅还是28磅好看，那么很快就会让客户觉得你不专业。因为你意识不到他没说出来的话和没有"解压缩"的需求点，你只是个工具，不是一个具有结构价值的乙方。

所以你的能力，要从受限于对工具的理解，慢慢扩展到对规则、系统的理解。

我再举个例子。如果你交了一个方案，客户说："×老师，你这个战略方案中规中矩。"你作为项目经理让我提修改意见，我一看，方案数据都很翔实，后面也提出了实施路径和手段，该有的都有，那还能怎么提高？换句话说，怎么让客户看完以后有眼前一亮的感觉？我说："你的'诊断'不是简单摆数据，而是要把对每一类数据的洞见和结论放在最显眼的位置。"

这就像你拿着一堆检验报告去医院找医生。这些报告是谁做的？是医技人员。医生又不动手，凭什么拿高薪？医生的价值在于对整个系统的理解，在于拿到报告后告诉你，某些指标偏高代表你有中度脂肪肝，以后要少喝酒、多运动。

这种判断比报告本身更加重要，而且这种认知会随着你在一个行业越来越久，对行业的了解越来越深而不断累积，最终扩展系统的边界。从事行业门槛比较高的职业的人，如医生、教师、律师、咨询顾问等就不用担心35岁危机，越老越香。

第二层是对人性的认知。相较于对专业的认知，对人性的认知更难一点。

因为人性从整体来说是不变的，但具体到某一件事情上，又会出现很多变数。对于人性的总体理解，大家的看法几乎是一致的，如人生来就有贪婪和恐惧。但具体到某件事情，你会发现，历史每次用相同的韵脚，展示出不一样的节拍。

所以我提出一个观点，理解人性本身是没有威力的，必须理解"人性+"。"+"后面的内容，可以是产业、行业、企业等，不能很虚地去谈人性，这没有意义。因为人性在不同的外界诱因影响下，表现出来的结果是不一样的。

例如，我问你怕死吗？你说怕死，因为怕死是人性。但如果你是一个保家卫国的士兵，战友都牺牲了，只剩下你自己，你愿不愿意冲上去用一个炸药包把敌人的据点给炸了，你会说愿意。所以，在具体的、不同的情境下，人会做出截然不同的决策。

理解人性不是最重要的，拥有能操纵人性的能力，才是"核弹"。

对人性的认知，虽然复杂，但是大多数人不需要深入钻研，原因有两个。第一，大多数人不需要拥有全景图。你接触的人少，摸清楚几个关键的人的秉性就可以了。第二，大多数人没有利用人性"玩概率"的机会，如操盘手利用人们的贪婪与恐惧追涨杀跌，但绝大多数人一辈子接触不到这些事。

所以，操控人性的"核弹"是屠龙之术，少数人掌握、运用，最终成就了其历史地位，多数人哪怕花了一辈子弄清楚，其价值也不会超过一把大砍刀。普通人哪怕赢了，修身齐家做好了，也只是个业余选手，而真正的正面战场，普通人参与不了。

下面我们来聊很多人没看见的**第三层：对周期的认知**。

为什么我把对周期的认知放在第三层？因为这几年大厂和房地产企业的失业潮，各种金融公司的"暴雷"都属于行业周期问题。现在回过头来看，我最佩服的就是万科。

李嘉诚"清仓大甩卖"是因为他看准了周期，把这艘大船提前做了掉头。很多人觉得他是因为有内部消息才做出这个决策的，我就纳闷了，什么叫内部消息？如果李嘉诚有内部消息，那么和他处于相同层级的人有没有？

为什么大家有同样的信息，有的人做出了反应，但其他人没有？这就是判断能力，对周期、对趋势的把控能力。

说实话，如果你开了"天眼"，要听像李嘉诚、巴菲特、基辛格等人的话。为什么要听他们的话？因为他们都是经历过周期的人，他们能感同身受地体会到潮水退去时产生的连锁反应。明天可能和今天不一样，太阳不一定会升起来。

我国经济发展才四十多年，太短暂、太年轻了。很多人拿我国和日本比，日本经济在20世纪60年代起航，到90年代达到顶峰，然后"啪"的一下，经济泡沫破灭了。

为什么会破灭？有外因，如美国驻军、广场协议的签订等。但是马克思主义唯物辩证法认为，事物发展变化是由内因决定的。泡沫破灭的内因是生产力发展，支撑不了债务，无法维持经济泡沫。于是，顺着萧条的周期，狠狠地戳下去一刀，让日本经济发展停滞三十年，这就是美国做的事。

2019年，美国开始对我国进行技术封锁，他们也是想在这个周期的节点上，在债务周期尾端的火上浇一把油。而我们的人太年轻了，商业发展时间太短了，还没有完整经历过一个周期。像炒股票一样，对A股二十年如一日趴着不动的指数来说，如果大盘被炒得很高了，突然有一天无征兆地开始暴跌，你应该怎么做？应该撒腿就跑。

为什么？因为指数涨多了又会下去，这是A股的周期。什么"为国接盘"，什么只是技术调整，都不如撒腿就跑来得实在。所以，现在说要刺激消费、刺激投资，不如去看看美林"投资时钟"理论。对大部分周期性行业来说（不包括短视频、娱乐等逆势行业），在新一轮的周期开始之前，新的赚钱效应涌现之前，"苟住"就是最大的胜利。

再往上还有没有更高的价值层次？有，**从做棋子变成做棋手**。要做到这一点，你必须占有资源，占有生产资料，这就是第三层价值——资源价值。

新东方的东方甄选为什么从抖音平台离开，自己做一个App呢？因为抖音的粉丝永远是抖音的，不是你自己的。在抖音的流量池里，哪怕有人关注了你，成了你的粉丝，最终你能不能被刷到，能不能成交，都是抖音的推荐算法说了算，你永远是抖音棋盘上的一颗棋子。

东方甄选的这一跃，就是看准了要自己做棋手，把流量都掌握在自己手里。即使很惊险，难度也很大，但好人有好运，这个流量在自己手里，才真正属于自己。这和过去有钱就要把铺子盘下来是一个道理。过去买铺子，不是为了买钢筋和水泥，而是把人群、客户、流量都掌握在自己手里，随着地价的增值而增值，不然赚的永远是劳务费。

回到文章的开头，我得告诉你应该怎么规划，怎么办。从整个结构来看，一个人的价值往往是从低到高一步步提升的。

第一层是成为工具，获取工具价值。

第二层是提升认知，获取结构价值。

第三层是积累资源，获取资源价值。

如果你没有一门傍身的手艺，过去因为市场好、融资好而吃到红利、赚了钱，现在被周期无情地劈了下来，那你就不要再拿以前的收入做基准线了。你在年轻的时候通宵蹦迪，第二天早上还能吃个早饭再去睡觉，晚上又生龙活虎，到了三四十岁，晚上少睡两小时，第二天起来都头昏脑涨的。

这就是现实，你要调整认知基准线，不能总沉溺于过去，而要重新认识自己的优势，不是那种在大公司里当螺丝钉的优势，而是要审视你的能力，包括听、说、读、写，工具使用，看透人心等能力，也审视一下你在过去这十年里到底是自己进步了，还是被红利推着往前走的？

如果你是一个没吃到社会发展红利，刚进入社会就遭到现实毒打的年轻人，你应该耐心地锤炼一门手艺，这个手艺最好是符合未来发展趋势、天花板高且"越老越吃香"的，再从手艺到系统，逐步加深对整个系统的认知与理解，然后在新的趋势里寻找获取超额收益的机会。

这个时间可能会以年计算，比较漫长，但生长越慢，长得就越扎实，被催熟的果子往往不好吃。

如果你已经在上一个周期赚到钱且保留了胜利果实，那么相信我，将你在上一个周期获得的认知统统丢掉，用"空杯"心态去迎接新的未来。不要着急，在一开始看不清形势的时候，机会是给身无分文的冒险者的。

如果你是一个拥有一定资源，可以强势切入的人，你要找到新形势里清晰的点，利用你的资源和资金优势，构筑壁垒，赚取属于你的收益。

你工作很辛苦，
所以只能给你辛苦费

一天上午，几家咨询公司在竞争项目，我们公司是最后一家。做项目方案介绍时，我们从对客户战略的理解出发，分析了他们现在存在的问题，还做了一些同行业的对标分析，最后给出针对性的预设结论。客户说看得出我们用心了，不像其他几家公司写的东西都是公式化的。

我们从小就听过一个故事，一个修自行车的人每次修完车后都顺手把车擦干净，有一天他擦到了工厂书记的车，后来就被安排进工厂上班了。一百个人听过，十个人听进去了，一个人活学活用了。

在堆砌方法论的基础上，花时间认真对客户的情况进行分析，并给出针对性建议，这就是三十年前的"擦自行车"，就像三十年前进工厂自豪，现在进大厂不也很自豪吗？

不过，对这些客户情况的深入理解从哪里来？在客户提供的资料和行业公开信息中找。难吗？不难。工作量大吗？自然是比纯堆砌方法论大一点。但也就是"行百里者半九十"的味道，不是绝对完成不了的。既然你做了，为什么不做好一点？

只要在最低要求上稍微努力努力，你就能稳稳当当超过90%的人。

那我怎么知道客户的要求是什么？

我再举个例子，我筹备视频号时，找了个负责视频剪辑的供应商A，他的态度非常好，是那种事先会问我有什么要求，希望成品是什么样子，美颜要开到几格等问题的人。

视频剪完后，我说，这个美颜开太过了吧？小A说，好，那收一收。我说，音乐声音太大了，把我的声音压过去了。小A说，好的，开小点。我说，能不能加快一点播放速度，让节奏更连贯？小A说，好，那加快点。最后我找到我的助理，让他再给我找个供应商。

为什么？结合我的文章，你就知道小A对自我价值的理解在第一层。而我需要的是一个可以理解市场，有清晰的基准线，可以带着我把产品做出来，甚至是做好的供应商，就像我带着我工作中的客户，让他们的认知更清晰。

后来，小A说他对工具不熟悉，时间要求紧，加班熬夜了，想要在价格上再多谈一点。我拒绝了。

既然这么辛苦，你就拿好自己的辛苦费。

我经常提到价值创造、价值评价、价值分配一致的逻辑，如果你想提高收入，有两种办法。

第一种，不断提升效率、提高单价、拉长时间，换取更多的收入。公式我都帮你列好了：

$$收入 = 单价 \times 时间 \times 效率$$

第二种，想办法突破到更高的层级。

第一种是线性增长，第二种是结构性增长。听起来好像不难，你知道要追求结构效率、追求结构增长、追求结构逆袭。但事实上很多人没有进行系统思考，就没有规划和路径。

小时候你听了擦自行车的故事，长大了就只知道在公司里要"多擦一下桌子"，并希望得到老板的认可；听了因自学Excel、PowerPoint技能而成为项目经理的故事，就赶紧去买了课程来学习。

但你要知道，**擦桌子和学技术本身都不是目的。**

节约客户的时间来达成客户的期望，满足大众审美的要

```
第三层  积累资源，获取资源价值
        • 找到新形势里清晰的点
        • 利用优势构筑壁垒

第二层  提升认知，获取结构价值
        • 对系统的结构认知
        • 对人性的认知
        • 对周期的认知

第一层  成为工具，获取工具价值
        • 会使用工具
        • 能掌握一门手艺
```

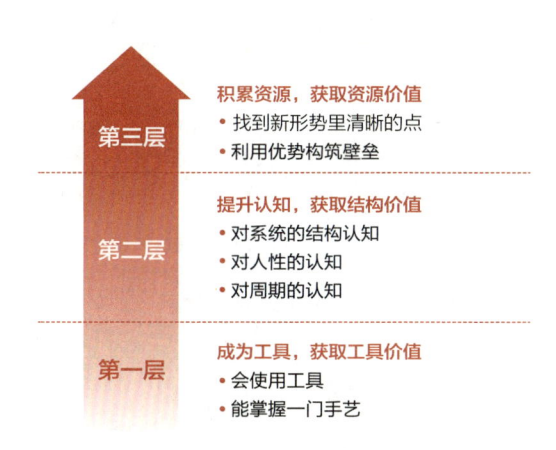

价值的三个层次

求……这些才是目的。只是单独拎出来说时又显得很空洞。

只有你在所属行业里不断去思考、去碰撞、去理解人心，设身处地为对方解决问题、提供价值，你才能慢慢对这些看起来空洞的大道理有感觉。

人类底层的约束，说到底还是薛兆丰教授说的那几个词——**资源不足，时间有限，相互依赖，需要协同。**

你明白这个道理以后，再去争取更多的资源，去释放别人的时间，做值得信赖的人或品牌，协调处理关系，强化战斗力，减少内耗，才可以打破很多表面的规则，更深刻地理解价值，也更清楚自己的价值基准线，并有一个完整的规划。

不是最大、最强的，就一定是最好的，而是**最适应需求、最匹配环境的**，才是最好的。

第二章
复盘时刻

1   在财富积累的过程中,质变推动量变,但是量变产生不了质变。

2   不同阶层的消费选择和方式存在着系统性的差异,你赚钱的难度决定了你对消费的认知。

3   淘金的不赚钱,反而是卖锄头的赚到钱了。因为你勤劳,他才能致富。

4   商业真正的红利只有两种:流量红利和认知红利。前者代表需求端的不平衡,后者代表供给端的不平衡。

5   所谓人和人的差别,主要就在认知和决策的不同上。

6   所谓聚焦,就是用认知实现单点突破,形成比较优势,撬动别人的资源。

7 只有给别人产生价值，才能撬动资源，走向更大的世界。

8 定一个目标，花一年、三年、五年的时间，建立自己的绝对优势领域，这是所有没钱、没资源的人实现跃迁的必要条件。

9 靠信息差，而不是认知差混职场的，迟早要面临被掀翻的风险。

10 理解人性不是最重要的，拥有能操纵人性的能力，才是"核弹"。

11 第一层是成为工具，获取工具价值；第二层是提升认知，获取结构价值；第三层是积累资源，获取资源价值。

12 不是最大、最强的，就一定是最好的，而是最适应需求、最匹配环境的，才是最好的。

思维

先升级思维，再升级财富

Part 3 底层思维

关键时刻做出正确的决策

直面问题，改变思路，化危为机

被穷人放弃的
概率思维

我们先玩个游戏,用10万元按一次按钮,现在有两个按钮,按红色按钮有90%的概率得到100万元,按蓝色按钮有10%的概率得到1个亿。你选哪个?请先投完票,再往下看。

3
2
1

这不是价值观测试，而是财商问题。这个问题有标准答案，就是**"看期望"**。

什么是期望？有一个公式。

期望=结果 × 概率

这几个结果的期望是多少？按红色按钮的期望是80万，按蓝色按钮的期望是9990万，按了按钮之后没中，期望是0。但你可能会说，如果没中，可能还要亏10万啊。请接着往下读。

有两个投标项目比较典型，一个是上海一家公司的数字孪生项目，从前期咨询到后期技术落地，是几百万元级别的项目。另一个是广州一家公司的薪酬绩效咨询项目，是一个几十万元级别的项目。第一个项目要求先做一个初稿，才能参与投标，因为我的公司没有相关技术，要找技术团队，得先花一笔钱。

第二个项目的付款周期是常见周期的3倍以上，并且后期还要跟进辅导方案落地。大家应该都看出来了，这两个项目几乎对应了按钮游戏的前两个选项。

客户经理问，万老师，这两个项目前期有风险，如果没有中标，还会产生额外的成本和费用，我们还投不投？我算了一下，在思考了各类可能性以后说，投。在这里，客户经理考虑的是费用，我考虑的是期望。

问题的本质都是一样的——怎么判断一件商业上的事情，做还是不做？

与此类似，如果从可能产生的问题来看，所有的改革都有问题，都会引起反对，都有争议，都会动到一部分人的蛋糕。但为什么有些决策者裹着砂石往前走，积极推动着改革的进程？

因为他们看的是期望。**如果做一件事情利大于弊，这件事情就有被推行的动力**。当然，这个利弊不仅仅是关于经济的，也有政治上的考量，还分为个人利弊和组织利弊……这些讲起来就复杂了。

简化一下，如果一项决策的期望为正，但这次失败了，例如我参与投标的两个项目全都亏了，影响了年终奖，怎么办？这里有个我常用的方法——**用数量对冲概率**。

拿我的公众号打比方，当我的公众号只有几十个粉丝时，如果某篇文章的阅读量变多了，不一定是因为文章选题棒，写得好，而有可能只是某个朋友顺手帮我转发了。但如果公众号有一万个读者，那么转发数和点赞数就和文章质量息息相关了。

我们经常会产生错误的商业认知，就是因为选择的机会太少了。

以前有个"鸽子试验"，有人随机撒食物到广场上，一段时间后,广场上的鸽子都形成了自己的行为模式,有的踱步、有的点头、有的挥动翅膀。

为什么一些长辈,尤其是在企业内的,他们讲的所谓的成功经验听起来有点搞笑?因为他们一辈子就在那个企业里,领导的喜好、决策与公司文化极大地影响了他的成败,但这些因素在辽阔的商业世界里,根本不能作为成功的主要原因。

所以,第一个逻辑是相信概率,然后在正确的方向上,反复下注。

换句话说,如果这个按钮游戏能让你按一万次,怎么做出选择是不是变得更清晰了。但如果不行,还有没有别的办法能提升单次胜率?

那就是找合作伙伴,分层承担风险。

例如,把9 990万元的收益期望选择权用100万元卖出去,只要找的人足够多,总有愿意冒险的人想搏一把的,如果你觉得100万元少了,还想多赚点,这个权利最多能卖到多少钱?

理性情况下,极限就是9 990万元。超过这个极限就是非理性的决策,需要找到特定的人,俗称"冤大头"。但要注意的是,这就不是你一个人的游戏了,需要有买卖双方参与,而链接的重要性就体现出来了。

一般情况下,故事讲到这里就结束了。我投标的思路也是这样,对于这两个项目,我让客户经理找合作单位,可以分摊风险，我们不看一城一池，而看长时间线上的总收益。

但我之前讲按钮故事的时候，有个做金融的朋友说，万老师，其实有办法可以让收益突破期望的。我很兴奋，急忙问是什么办法。

对方说，很简单，只要多找几个人，例如找500万人，每人出2元，用买彩票的方式参与游戏，中奖了就拿走奖金，没中就算了。这样一来，既有人参与游戏，又很容易把期望的价格炒到超出其实际价值。我一拍大腿，说，这思路牛啊！

但如果这次没中呢？对方说，你拍卖的是拍按钮的权利，至于这个按钮是拍卖者自己拍，还是卖给别人，就是另一个游戏了。所以自己不懂的话，最好不要投资，因为在看不见的地方，不知道有多少套路在等着你。

后来，我和一个在深圳的朋友吃饭，朋友问，现在深圳的房价都涨到每平方米近40万元了，你觉得还炒得动吗？我把无限细分的逻辑告诉了他。为什么要打击非法集资、打击集资炒房，就是因为**决策者不希望商品价格脱离基本面**。

现在，故事讲完了，它对我们在现实生活中投资、赚钱有什么启发？主要是在拥抱不确定性的时候，要有概率思维，具体操作如下。

把机会证券化，用坐庄思维，
提高收益

找可以重复投注的游戏，
不断往高胜率方下注

找合作伙伴，分摊风险，
锁定收益

投资赚钱时的具体操作

在现实生活中，很多时候努力是可以提升胜率的，这也是普通人努力的真正意义。

世界局势是百年未有之大变局，最大的浪可能就在眼前，**只有会划船的人才能乘风破浪**，不然就会被淹死。只有直面不确定性，化危为机，我们才能乘着混乱的阶梯实现跃迁。

从消费者思维
到生产者思维

有个长辈跟我说，**穷人的观念和富人的利益是不能动的**。在这几年里，我越来越深刻地体会到这个道理。

有的人相信一些观点，例如马云和电商让实体经济崩溃了。如果你和他讲，电商和直播都只是一个媒介，核心是生产和流通、供给和需求的关系，他是听不进去的。你只能和他讲，没有马云的时代，只有时代的马云，他才高兴，才会给你点赞。你被点赞多了、转发多了，成了KOL（关键意见领袖），就可以顺势开始带货，收割他们。

长辈说，你这个公众号注定做不大。

我问，为什么？长辈说，因为你讲的东西多数不是大家都能理解的，虽然你努力去把它们翻译成大白话。但你讲企业管理，讲历史和战略，除非是通过讲一个个历史人物故事，否则真正感兴趣的读者还是太少。

我做的东西或许要借助专业平台才行得通，长辈以前在卫视打广告，找明星代言，都是为了给他的产品增加专业背书。长辈是做通用品的，这个市场大，大家都需要这类产品，所以规模也容易被做起来；如果是专业的、面向企业客户的产品，其规模一般都不大。但其实两者的商业逻辑都差不多，如果我做视频，还是要多找找大众话题才能做起来。

我心里是相对认可这个看法的。

我之前提出我国13亿多人都处在同一个层次的理论。这其实是站在一个更加宏观，从全中国的视野来分类的，这13亿多人里，无论是企业员工、小店店主、个体户，还是教师、公务员等，他们都有一些共性。共性是什么呢？共性是他们成了体系的一部分，完成了给定的任务，拿到了无风险的报酬。

很多人觉得自己是做生意的，做小买卖的，但其实也只是体系的一部分，只是完成了交易终端的成交环节，而从上游开始，寻找需求、设计、生产、运输、批发、分销……他们都没有参与。如果只参与了产业中的一部分，赚的钱注定被锁死在一个范围内。

后来我总结了一下这类人都有的共同特质，他们除了完成自己那一亩三分地的工作以外，在其他时间里就是消费者。这里的消费不只是逛街、吃喝上的消费，更重要的是在时间、注意力上的消费。

你工作的时候有没有想办法弄清楚整个公司的运转逻辑？有没有往产业上下游看一看，接触一下？工作之余，一直在娱乐、休息、放松，除了用工作换取报酬以外，几乎不知道其他赚钱的手段，这是13亿多人的公约数，即消费者思维。

如果你想摆脱这个层级，向上跃迁，思维该怎么变呢？

应该从消费者思维跃迁到生产者思维。

例如，我刷抖音的时候，看到的不是一个个视频，而是视频背后的各类元素，如话术、"爽"点、背景、光线、情绪点、构图、点赞量……刷抖音是在学习。

初中某次开学后，老师要求我们写自己的人生目标，我们都写的是科学家、老师、企业家等等，我的一个初中同学写的是成为游戏公司员工，因为可以每天打游戏还拿钱。后来他在网易游戏公司上班，我们开玩笑地问他感觉怎么样？他说，他已经从一个游戏的消费者，变成了一个游戏生产者，感受和自己打游戏时完全不一样。

很多人说不要把爱好当成职业，又有人说要找到兴趣和职业的交叉点。那么到底听谁的？其实只要拆开一下就知道了，你的兴趣、爱好是对这个事情本身感兴趣，还是享受使用这个产品带来的正向反馈？

如果是前者，你愿意去钻研、生产、磨炼；如果是后者，你喜欢的不是事物本身，而是它带来的神经刺激和反馈的多巴胺，就像喜欢抽烟和喜欢研究烟，两者是完全不一样的事。

所以，摆脱消费者的思维，找到自己真正热爱的事情，或者把你做的事情变成你热爱的事情，这是稳稳超越其他普通人的途径，也几乎是每个人都可以做到的。

和我同时开始做咨询的小伙伴们，现在多数已经去了甲方，或者换了行业，只有我现在还常常在一线，直接和企业主面对面做调研，因为我是真热爱。

之前我写公众号文章，没找到方法，只是写一些方法论等，半年过去了，阅读量都还是几十。但是这对我来说重要吗？不重要。

我有一种能力，可以让我持续熬过一段没有反馈的瓶颈期，同时不断去找自己擅长，又有人喜欢的话题。所以到现在，我写的内容还在不断泛化，找擅长和热爱的公约数。

但往上还能不能再进一步？那就是从**生产者思维变成投资人思维**。

我的那位长辈纯粹是站在投资人的视角来给出建议的，投资人思维是什么？是先找到市场需要什么，然后通过大量地筛选，在一堆企业、一堆人里面找到那个符合市场需求或者有潜力满足市场需求的企业或人去投资，用资源换取加入这个赛道的权利。

我之前讲过，培训视频行业的天花板博商管理科学研究院采用的就是这个方式，"只赛马，不相马"。博商孵化的张琦、郑翔洲、王岑这些博主都有丰富的培训经验，一点就着。他们不是博商自己培养出来的，而是筛选出来的。

生产者实实在在地创造了价值，但他们生产的产品或提供的服务到底有没有价值，有多大的价值？你说了不算。作为生产者，人也好、企业也好，都是有基因的，要改变这个基因，难度很高。

所以，更容易的事是什么？就是通过**大量筛查**，用大数量对冲小概率，找到那个符合趋势、符合逻辑、符合判断的人或者企业，去孵化、去投资，进而分享增长的红利。这是更高层级的天命，也是雷军说的**"顺势而为"**。

那这个商业的三层级论对我们来说有什么启示呢？

首先，想要实现跃迁，至少先要摆脱纯粹的消费者思维，从消费者变成生产者，以创造产品，获取价值为乐，你看见的"工作狂""卷王"几乎都是这种思路。

更高阶的是，要有顺势心态，从每天想自己的产品、自己的发展、自己的企业等转换到"商业未来是什么样子？赛道未来是什么样子？消费者未来是什么样子？"你理解了这一点，再去匹配产品、服务、资源和能力，不断往这个方向靠。

```
投资人思维 —— 用资源、经验、资本去赋能年轻人、
              赋能新趋势、赋能好企业

生产者思维 —— 要有顺势心态，实现思维转换，去
              匹配产品、服务、资源和能力

消费者思维 —— 摆脱纯粹的消费者思维，以创造产
              品，获取价值为乐
```

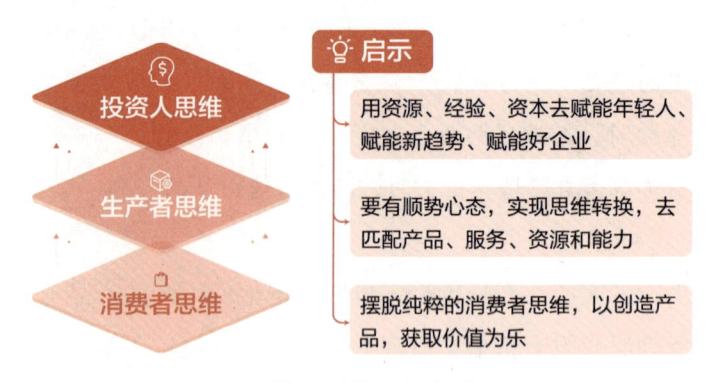

思维跃迁的三层级论

如果你觉得自己年龄大了，企业基因定型了，要做出改变更困难了，那就转型成一个投资者，用你的资源、经验、资本去赋能年轻人、赋能新趋势、赋能好企业，然后站在那个辉煌的终点，等待闯关成功的挑战者。

理解运气的
四层含义

　　运气是可以分类的。神经学家詹姆斯·奥斯丁提过一个分类方法,把运气分成四种类型。

　　第一种,**盲目的随机性**。最典型的就是扔骰子,扔出多少点是随机的,这是纯粹的运气。

　　第二种,**跑出来的机会**。爱迪生在发明电灯之前,找了一千多种材料做灯丝,最后发现了钨这种材料,他说他是走运,但背后付出了汗水,这就是跑出来的机会。

　　为什么那些最厉害的科学家、艺术家们会有那么多想法?为什么周杰伦以前的歌写得那么好?这一切都是他们从无数的想法、无数的创意、无数的歌曲中，精挑细选出来的，你看到的这些就是里面最好的一部分。

第三种，**有准备的头脑**。这是什么意思呢？同样的东西被摆在不同的人面前，只有有头脑的人才能看出它的价值；看同一场艺术展，外行看热闹，内行却能看到门道；有头脑的人才能收获项目灵感。

亚历山大·弗莱明发明青霉素，其实是从一个失误开始的。当时有一点霉菌不慎掉在培养皿里，结果他清洗培养皿的时候，发现某个小区域里没有葡萄球菌生长，他便判断那里有东西可以杀菌。但如果同样的事情发生在别人身上，他可能就顺手洗掉了。

第四种，**人设的吸引力**。因为你有特殊的"人设"，所以你不用去找，自然会有好运来到你面前。这种"人设"并不是指你所在的职位或你所获得的资格，也不是什么排名，而是你身上独有的不可替代的特殊性。

可能很多人不太理解我的这一套表达体系。所以在这篇文章里，我会帮你"翻译"，教你理解这四层运气。

第一种运气是指**数学意义上的随机性**。这个跟你本身的努力没有任何关系，我在这一类事情上的运气就比较差。

以前在我们那个小地方，搞头奖10万元的即开型彩票，我中奖最多的就是"再来一张",甚至连价值5元的洗衣粉都没中过。现在想想,正是因为在那些事情上得到了足够多的负反馈,我才没有沉迷于随机性的运气。

除了第一种运气外,后面三种运气都是我们靠努力、靠找对方向、人生策略等能够获得的。

第二种运气是所谓的"跑出来的机会"。我曾经提过一个更接地气的说法,即**"用大数量去对冲小概率"**。

这个逻辑是一个相亲协会的小媒人说的,我问他对于现在那些看不清自己,盲目设置高要求、高标准的年轻小伙子和姑娘们,他们是怎么想的?

对方说,我们有一个底层逻辑,无论他们的思路多么奇葩,成功的概率多么低——只要有足够多的数量,最终都有概率实现他们的愿望。

这个逻辑其实是很有道理的,尤其是在草莽生态里,在丛林法则还不够清晰的地方。

例如,你想买房,就先去看两百套房,自然而然就能看到一些"笋盘"。又如,你想学写公众号文章,学做视频,那就从模仿别人开始,持续努力,不断迭代,一天发一篇文章,一天拍一个视频,不要去盲目追求爆款,而是用量变产生质变。

第三种运气更多是指**认知势能**。

一个合格的商人需要从平常的事件里发现商业机会点，一个做自媒体的人需要从每天的热搜中发现大家的情绪点。我曾经讲过关于努力的问题，如果父母鞭策孩子只是简单地要求孩子去努力，说明父母对亲子成长和教育的认知是非常粗浅的。

在缺乏认知的情况下，和那些已经为孩子做过成长规划、人生规划的家长相比，这类父母要求的那种"努力"，就会被明显地看出来是缺乏方向和针对性的。"魔鬼藏在细节中"，这些细节就是对具体事务和问题的认知和理解。

我一直说，不要盲目关注"宏大叙事"。所谓的"宏大叙事"，就是那些和你的生活、未来产生不了直接联系的事物。

很多人理解错了，以为我在说我们没必要去关心世界局势。我的意思不是不能关心，而是你能理解这些事情背后的"魔鬼"细节吗？你的认知深度到哪里，这些认知对你的未来有什么帮助？

如果你只是个朝九晚五、到点下班的打工人，一直在公司里机械地完成一些重复性的、无意义的，并随时有可能被人工智能替代的工作，那么你该关注的是和你的生活、你的跃迁和你的未来发展更相近的事情。

第四种运气是指跃迁所带来的影响力。

当你从"nobody（小人物）"变成"somebody（重要人物）"的时候，你会发现很多资源、人脉、技术、人才、资金都在**不断向你靠拢**。这个运气从何而来？其实就在于你剥夺了那些和你类似，但无人知晓的人的运气。

在漫画《七龙珠》里，孙悟空与魔人布欧作战时，他让地球人举起双手，让他们把气借给自己。无数人举起了手，把"nobody"的一部分运气借给了孙悟空，成就了他的"元气弹"。

这就是包括我自己在内的很多人去追求提升影响力的原因，影响力能直接给你带来实实在在的收益吗？能让你的工资涨20%吗？都不能，但它能让你成为独一无二的那个人。

影响力能让被你影响的人在遇到事情的时候，第一时间就想到你。

这样一来，像我一样的创业者，就不用担心"明天还有没有业务""这个项目做完，下一个项目又从哪里来"等问题，这种运气才是你人生的底气。

我认为把这四种运气理解为人生的四种概率会更好一些。

很明显，这四种运气其实都和概率相关：第一种运气是随机概率，第二种运气是运用大数量对冲小概率，第三种运气是用独特和高维的认知发现新价值的概率，第四种运气是用影响力带来优质资源与信息，进一步提升概率。

① **盲目的随机性**
随机概率，纯粹的运气

② **跑出来的机会**
运用大数量对冲小概率

③ **有准备的头脑**
用独特和高维的
认知发现新价值的概率

④ **人设的吸引力**
用影响力带来优质资源
与信息

人生的四种概率

很多人以为写公众号文章、拍视频，就一定要搞原创，一定要有干货。但是，用自己的语言体系，用更加通俗、大家更容易懂的思路和逻辑去解释一些深刻的道理，并不断去分享一些有意思的现象，也会受到很多人的关注与喜欢。

在人工智能时代来临之际，在巨头已占据主要生态位的前提下，当你能够很清晰地讲出各种定义和术语的时候，是不是就会发现凭借自己的个性和气质还有生存下去的一席之地呢？

当年工业化和自动化生产席卷全球的时候，那些跨越使用价值存活下来的手工制品品牌们也是这么想的。

界定问题、
拆解问题、解决问题

咨询师的工作，简单来说就是三件事：界定问题、拆解问题、解决问题。

现在我来聊聊怎么界定问题，咨询里的问题泛指商业上的复杂问题，那些有明确答案的，直来直往的，不属于复杂问题，像"今天是星期几""公牛队和勇士队谁赢了"这些问题，是可以直接指向答案的，都属于简单问题。

那么，复杂问题是什么呢？

我先举个例子，对于"中美关系是什么情况""如何实现年薪百万"这类问题，很多一根筋的人脑子里会直接蹦出答案，像"我们要打倒美国的霸权主义"或者"努力就可以实现百万年薪"等。

这些答案对吗？是对的。但问题的复杂和简单不以答案对错来区分，对于复杂问题，不论以怎么样的一句话来回答都不够全面。

为什么？

因为复杂问题的答案不是一个点，它有复杂的维度和切面。换句话说，解决复杂问题就像盲人摸象，任何一个点都不是大象本身。

一个兄弟问我对餐饮行业怎么看，我回答看好或不看好，都会落入陷阱，一个把复杂问题简单化回答的陷阱。所有降维都会导致信息损失，而这类信息损失容易误导人，所以我们在解决复杂问题之前，需要对问题进行界定。

关于界定问题，芭芭拉·明托在《金字塔原理》中提到："解决问题的诊断框架通常隐含在界定问题的序幕中。"这是我在多年前读书的时候做的笔记，寻找现象背后的问题就是界定问题的过程。

为什么不能直接针对现象去回答，我在这里举个例子。

你现在有点头晕，身体乏力，你去看医生，医生摸了摸你的额头，一本正经地说："嗯，头有点发热。把头切掉就好了。"听了这话，你会不会觉得医生变傻了。

虽然你没有什么医学知识，但凭常识就知道引起头疼的原因有很多，要针对不同的情况做出不同的分析。医生应该让你做进一步的检查，并询问你这几天的状态，并对背后存在的问题做出分析。

更何况，你也应该知道，要治好头疼，更可能的办法应该是开一点药等，而不是把头切掉。

现在恭喜你，你已经懂得发现问题，而不是直接对着问题找答案，不是"头痛医头，脚痛医脚"。但我发现在现实生活中，无数人会产生类似这样的错误认知。

我拿自己举例。2015年，当时正在炒股的我会自怨自艾："如果我不贪，在股市大跌之前跑就好了。"但我明白，如果认知不提升，再回到2015年，我还是不会早点跑。为什么？因为确定什么时候卖是有技术含量的，要会看趋势，看行情，看对价值和情绪的认知。当时的我只是一个愣头青，别人说买什么，我就头脑一热买进了，但别人卖的时候不一定会跟我说。

我拿炒股举例，是想说要对影响股价的真正原因有深入的了解，如庄家的操作手法、公司的消息与情况等。

不同股票的受影响因素不同，受影响强度也不同，只有提升认知，深入了解这些因素，才能凭实力赚钱，持久地赚钱，而不是拿着结果去找原因，懊悔为什么没及时跑。我明白这个道理以后就默默地退出了投机市场。

说回界定问题。理论上来说，对于一个复杂问题，你理解得越详细越好。例如，针对中美关系，你可以从历史维度、贸易维度、金融维度、文化维度等无数个切面进行分析、理解。

在参加工作的前几年，接受咨询行业残酷训练的日子里，我被要求用头脑风暴法穷举出各种可能性。对，咨询有时候是用笨办法，如头脑风暴法，穷举法等。

可能你会说，咨询不是还有很多模型吗？如波特五力模型、GE矩阵、PEST分析模型等。这些都是从各类商业实践里抽象总结出来的一些常用工具，方便我们简化问题，快速获取答案。

但接受过正规、严格训练的咨询顾问要懂得底层逻辑，那就是用逻辑树和MECE法则，通过头脑风暴法界定和解决陌生的复杂问题，最后形成一个树状结构，掌握这个底层方法论就能创造模型、改进模型。

以前我做咨询时间还不长的时候，和客户建立的信任不深，在前期沟通时，经常因为同类项目经验不够，被客户打上"经验不丰富"的标签，如果你也正在苦恼这样的问题，真正有实力的你可以用下面这句话"怼"回去："会用工具和会制造工具的技术含量是不同的。"

但这么做有个致命的缺点——太慢了。

奇志、大兵有一段相声《治感冒》，说看病是用排除法，把所有可能得的病都排除,剩下的病就是感冒了。它当然是个讽刺笑话,但现实生活中也确实存在这种情况。"医生,再不快点我就要好了",名医和庸医的差距就在这里。

所以,我们应该怎么平衡效率和质量呢?

首先,我们要搞清楚自己的真正目标是什么。

有个很经典的故事,有人问股神如何成为"百万富翁",股神让他拿一千万去股市,亏掉九百万后,就是"百万富翁"了。这虽然是搞笑故事,但也说明了问题背后往往都有提问的人没说出来的目标。例如,那个问我怎么看待餐饮行业的朋友,可能真正想问的是自己进入餐饮行业还有没有机会,或者餐饮行业还有没有红利。在不同的前提和假设下,我给出的答案也不一样。

有人问我公众号都没有红利了,为什么还要做?我回答,没有红利指的是超额利润越来越薄了,也就是说在以前,80分的投入可以有120分的回报,但现在100分的投入才能有100分的回报。但只要还有一比一的回报,它于我而言就是个好业务。

并且,我凭借干货多和输出持久,还能吃掉一些在红利期里原本属于他人的流量,这对于自己的积累、业务和收益来说都是增量。

所以,你明白了吗?一个好问题就是这样提出来的。

有时候我没有回答一些读者问的问题,并不是我故意不回答，而是这些问题提得不清晰，我无法回答。

搭框架、明假设、探初心、找到关键的维度……这些都需要刻意练习，做得越好，提的问题也就越清晰，有时候问题足够清晰，答案也就呼之欲出了。

所以，如果你对自己迷茫，对一些事情迷茫，不妨用我教给你的方法，**问一问自己想提的问题到底是什么**，再提升认知，塑造能力。

别想了，
先干了再说

　　从读幼儿园到研究生毕业约二十年时间里，大家被灌输的观念一直是"题目有对错，对了就得分，不对就不得分"，但赚钱真不是这样，尤其是像我们做咨询的人更多是在做一个"说服"的生意。

　　SWOT分析法、六西格玛管理法、PEST分析模型、4C模型……不都是把现实生活抽象出来进行分析的方法和模型吗？但这些大名鼎鼎的模型就一定好用吗？咨询师会说，不一定。

　　当年日本摩托车进入美国市场的时候，本来是要卖重型摩托车的。因为他们找到的做市场调研的咨询公司给出的厚厚一摞报告都是关于重型摩托市场的分析。结果本田摩托车杀进美国市场的时候，美国人根本不认，因为他们的市场上已经有了哈雷等品牌，在当年的认知里就像现在中国的电动车市场上突然杀进来一个印度品牌一样。

所以，一个日本品牌进入美国，自然是没有市场，也没人买单的。那怎么办？

挣扎了快一年，日本团队就准备撤了。撤之前，他们骑着自己惯用的小摩托车去洛杉矶某座山上团建，结果一路上都有人问他们的摩托车在哪里买的，很小巧，很有意思。团队给了联系方式后，发现居然真的有人从日本订购轻型摩托车，他们赶紧把这件事汇报给日本总部，提出在美国增加轻型摩托车的销售再试一把，结果在咨询公司认为不可取的细分市场上获得了成功。

我们的认知和知识都来自对生活的抽象总结，但抽象总结得再精确都不是生活本身。如果你迷信这种抽象，就容易像赵括一样纸上谈兵。我在密集地调研短视频时，是跟已经做了的人学习，向没有做过的人呼吁，这是为什么？

因为大方向、大趋势和流量已经在向短视频转移。**方法论和模型多是对过去的总结，而生活是不断滚滚向前的。**

我认识一个咨询顾问，是做咨询交付出身的，后来他在拓展业务时也遇上了没有业务的问题。因为年轻，又是"互联网原住民"，他很快就想到了把与企业战略相关的内容放在互联网上，并直播分享。如果观众觉得他讲得还不错，想要他的课件，就可以加微信找他要，于是他积累了几千个精准用户。

从我们内行人的角度看，他提供的很多文件仅仅是个框架，很粗糙，一些观点也不深刻，甚至还有偏颇之处。

有人问过我对此的看法，我说："如果他有值得你去学习的地方就学一下，没有的话就试试拿到比他更好的结果。退一万步说，你水平比他高、比他强，那又怎么样呢，影响人家赚钱了吗？你不出现在人们的视野里就对社会、世界产生不了价值。绝大多数时候，商业不是竞赛，而是'**黑暗森林**'。"

典型的就是抖音和视频号两个不同平台的表现。抖音是一个公开平台，你做的任何动作，留下的所有数据几乎都是可以被查到的。这就会逼着你必须一直"卷"，一直产出新东西，不然很快就会被别人抄袭，直到超额利润消失，回到平均水平。

而在视频号平台，不同的人分布在不同的角落里，相互看不到，闷声赚钱，就像很多实体商业里的小老板，他们的利润达到几百万元，甚至上千万元，并且客户稳定、管理简单，生活过得相当滋润。

现在，我的建议是实现跃迁要先到有机会的地方，无论是地理位置上的，还是行业上的。在这个康波周期的大交界上，你先躬身入局，问题都会慢慢被解决。

做过科研的人都知道，科研最难的地方就在于方向的选择，如果选了一个没有结果的方向，所有的投入就都白费了。一旦方向明确，我们就可以用天量的资源投入，快速地从1做到100。

之前有些家伙酸溜溜地在我的公众号下面留言说，一个什么具体方法都不讲的家伙的文章，居然还这么多人喜欢看。

我之前一直没去反驳，现在开始觉得，虽然我没有教具体的技术、模型、方法论，但还受到这么多人喜欢，真正有价值的地方就是不断强势地告诉每个人找到决策、人生、商业的大方向，因为对于很多人来说，找到明确方向的价值超过了给出具体的方法和技巧的价值。

至于在正确的方向上能走多远，每个人都有自己的答案。

少改变，多筛选

一天，芋头给我发了个消息，说："有个项目线索可能跟到头了。"我问："怎么回事？"芋头说："因为在客户的招标通知里，那些得分点对我们很不利。但之前我们不是和客户沟通过吗？"我又问："是沟通过，但是客户没有改。你问客户是什么情况了吗？""我问了，客户还是很客气，说是他们的原因，所以我有点困惑，这到底是怎么回事？"我说："不用问了，集中精力在下一个客户上。"

我讲过一个很重要的点，就是要合理分配你的精力和价值。有些人没听懂，以为是别人不主动，自己就不要主动等，那么他们对精力管理的理解就落了下乘。

一个合作过的老板告诉我一件事。他说："万老师，我们公司最赚钱的销售不是去力挽狂澜，变不可能为可能。"老板指了指玻璃房里的那个胖子，告诉我他经常静悄悄地就拿到了销售第一名。我对一切新鲜的事物都很有好奇心，我问老板："×总，这是为什么呢？"

这位老板有点骄傲地说："他的销售风格跟我当年一样，不是去讨好客户，而是去做筛选。"

当时的我还没能理解这是怎么回事。大部分领导抛出一个观点或者一个现象，然后欲言又止。这时，如果你能"戳"中他的思路，提出的观点甚至超过他的认知，他就会认可你。如果没有，他们的态度还是会很好，甚至看不出有什么变化，但你想尽办法也无法与他们达成合作。

在商业咨询的战场上，尤其在前期，这种测试几乎时刻存在。我在公众号文章里什么都能聊一点，内容很真诚、有深度，多半是这些测试训练出来的。在创业后，我才慢慢领悟到这里面的智慧。

核心还是那句话，少讨好，多做筛选。

这是什么意思呢？我再讲一个故事。

我认识一个做股票推介销售的小哥，有一次他群发消息过来，大致内容就是"老师免费带，找到龙头股"之类的。我们一看就知道这是"套路",但我问了一句:"这么多年来,你们没有那种更隐蔽、更好的话术升级吗?"

小哥回答:"话术早就升级过好多版本了,但这个是最有效的。"小哥一直沿用这个话术,一个很明显是"套路"的话术,不是因为他们智商低,没有升级成更高端话术的能力,而是他们需要通过这种话术进行筛选,选出成功率最高的客户群体。

你做任何生意,任何产品之前,都要筛选出最合适的客户。如果你是那个股票销售,面对两种方案,第一种方案是背熟一百套话术,然后针对不同的人用不同的话术,另一种方案是用一套话术,但前期用极低的成本去筛选,筛选出大概率能成交的客户,你怎么选?

如果你认为第一种方案更好,就还没有摆脱学生思维。所谓的学生思维就是只看好坏,不计成本。电影《后会无期》里说:"小朋友爱分对错,大人只看利弊。"如果你能很快把一百套话术融会贯通,你去任何行业,干任何事情都能成功。

然而我们大多数人在走第一条路,把第一套话术背熟的时候,就放弃了后面九十九套话术,也放弃了99%的机会。

讲到这里,我才算是把合理分配精力和价值讲清楚。由于千年农耕文明传统,中华民族形成了一个习惯,就是眼里盯着的一直都是自己的一亩三分地。

当一个观点、一个政策真正涉及自己的两头牛时,他们就开始紧张了，开始和人去争论。

其实，没必要，真没必要。

很多工作是项目制的人（如工程师、设计师等），尤其是像我这样做交付出身的，往往想的都是事情本身，很少关注工作任务以外的事情。你的工作如果能从"我一定要把这个事情做好"到"我认识到我最擅长什么事情"，然后不断去强化优势，去筛选和匹配，认知就提升了一个层次。

商业竞争到最后，都是在有限的时间和有限的金钱的约束下，比拼谁的结果最大。

不要在一两个点上消耗过多的资源和精力，而要把时间放在更核心的人、更核心的事上，摸索出属于你自己的商业打法。

```
                          ┌── 不要在一两个点上消耗过多的资源和精力
  商业竞争的秘诀是         │
  合理分配精力和价值  ─────┼── 把时间放在更核心的人、更核心的事上
                          │
                          └── 摸索出属于自己的商业打法
```

商业竞争的秘诀

在好的机制里，
没有人能躺在功劳簿上

某天在出差的路上，我接到一个潜在国企客户的询问："万老师，我公司的人现在'躺平'了，不肯努力了，你能不能帮我做一个薪酬绩效的咨询项目，激励一下他们？"我说："不行。"

我想表达的是，如果他以为做一个薪酬激励的方案就能激励这些人，尤其是寄希望于外部顾问，那最后的结果很可能令人失望。

因为能让人产生改变的是人性的贪婪与恐惧。

但作为国企，公司的工资总额基本是定好的，没有办法像华为、腾讯等公司一样发一个让人无法拒绝的奖金。这家公司业务的市场化程度并不高，而国企做绩效考核往往只是在10%、20%左右的水平进行浮动调整，员工产生不了恐惧感。那怎么实现激发员工斗志的目标？

首先我们来谈谈，打仗的时候军队是怎么对付士兵"躺平"的。

两军交战，后面都有拿着枪压阵的队伍，如果士兵往回跑，就会被一枪毙命。你别想着像电视剧里一样，士兵靠装死躲过一劫。在真正的战争里，胜利一方会做清扫战场的工作。清扫部队搜刮各种盔甲、武器、财物，对于一眼看上去没有明显致死伤的士兵，都先捅几刀再说，再加上杀敌立功的奖励，士兵只有胜利一条路可走。

在没有选择的时候，人才会抛弃幻想，做极致的努力。

所以，公司想要推动人员奋斗，看的是有没有目标的驱动和牵引。如果有伟大的目标牵引，就可以凝聚一批人，改变一批人，带动一批人。

乔布斯有句经典的话："你是想卖一辈子糖水呢，还是想抓住机会来改变世界？"这是在战略和业务层面上的理解，公司高管找到一个凝聚人心的伟大目标，带动大家一起去奋斗才是上策。

如果在短期内不容易做或者做不到,那就用利益的视角去分析他们的贪婪与恐惧,并进行匹配——让有房贷、车贷和孩子学费负担的中年人头上悬着失业的达摩克利斯之剑,让以为论资排辈就能轮到他升职的员工突然遇见一个优质的竞争对手……

公司高管可以先做诊断,看看每个人的表现,有什么病因,然后对不同的病用不同的药方,而不能想着之前的发烧仅仅吃退烧药就恢复了,当其他疾病再引起发烧时,同样靠吃退烧药解决。

客户说:"万老师,我再问一个问题。我有意让一些新人挑大梁,承担责任,但因为我们公司成立时间比较久,一些'老人'在公司成立初期做了很大的贡献,但现在做不动了,又占据在资源位置上,对于这种情况,我们怎么处理比较好?"

我说:"我跟你讲个故事。陈胜起义后,之前跟他一起种田,听他讲'苟富贵,勿相忘''燕雀安知鸿鹄之志'的老乡过来投奔他。陈胜一开始很好地接待了他,但老乡一直在他旁边讲过去种田多么辛苦,现在他居然这么牛了。久而久之,陈胜觉得挺厌烦的,就找了个由头把他杀了。"

客户说:"你的意思是要把占据要位的人'杀'了?"

我说:"这是一种比较极端的手段,可能对你也会产生反噬作用,但思路就是这样。"

我以前服务过一类企业，假设你在天使轮的时候给企业投了100万元，占20%的股权，很多人会忽悠你，当公司上市了，100万元就会变成几亿元，你就赚了。

但实际上，内部责任是这样明确的：在天使轮的时候，公司估值为500万元。在A轮的时候，机构投了1 000万元进来，公司估值为5 000万元。这时，公司创始人可能就给你三个选择。

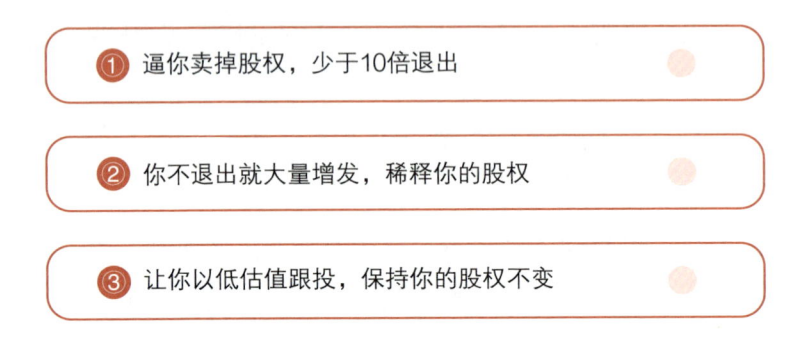

① 逼你卖掉股权，少于10倍退出

② 你不退出就大量增发，稀释你的股权

③ 让你以低估值跟投，保持你的股权不变

投资后面临的三个选择

虽然你有股权，但可能会被稀释、被转卖，你最后获得的投资收益与公司下一步的壮大所能获得的收益渐行渐远，除非你还有钱能继续跟投。

人才也是一样。

你在创始阶段付出，获得创始阶段的股权收益与其他利益；你在成长阶段付出，获得成长阶段的股权收益与其他利益。

公司发展是有周期的，到了下一个阶段，就需要处于下一个阶段的人才能力和利益结构，你要么买断贡献，重新开始，要么提升能力，继续跟投，但最终人才的价值还是以价值创造、价值评价、价值分配的逻辑衡量。

人才价值的衡量逻辑

所以，要跟上企业的发展，唯一的办法就是不断变强，不断跟上时代的节奏，不断创造价值和贡献。

很多创始人想不清楚这一点，让一些初期碰巧投资的人获得了不切实际的回报，最后不仅造成股权纠纷，打乱了公司的价值分配体系，还让他们躺在功劳簿上占用公司资源，影响了公司的发展。

不信，你看看电影《九品芝麻官》，包龙星他爹给了他半个饼，因为他爹以前用半个饼救过刑部尚书一命，后来包龙星来找刑部尚书，只拿到了一百个烧饼。

这看似是个电影情节，其实是对不切实际的期望的嘲讽。有的人总想着一劳永逸、以小博大，期望通过自己一开始的付出获得别人后续不断的涌泉相报。你品，你细品。

第三章
复盘时刻

1 如果做一件事情利大于弊，这件事情就有被推行的动力。

2 第一个逻辑是相信概率，然后在正确的方向上，反复下注。

3 主要是在拥抱不确定性的时候，要有概率思维。

4 世界局势是百年未有之大变局，最大的浪可能就在眼前，只有会划船的人才能乘风破浪，不然就会被淹死。

5 如果你想摆脱这个层级，向上跃迁，思维该怎么变呢？应该从消费者思维跃迁到生产者思维。

6 通过大量筛查，用大数量对冲小概率，找到那个符合趋势、符合逻辑、符合判断的人或者企业，去孵化、去投资，进而分享增长的红利。

7 　　当你从"nobody"变成"somebody"的时候，你会发现很多资源、人脉、技术、人才、资金都在不断向你靠拢。

8 　　影响力能让被你影响的人在遇到事情的时候，第一时间就想到你。

9 　　搭框架、明假设、探初心、找到关键的维度……这些都需要刻意练习，做得越好，提的问题也就越清晰，有时候问题足够清晰，答案也就呼之欲出了。

10 　　方法论和模型多是对过去的总结，而生活是不断滚滚向前的。

11 　　你不出现在人们的视野里就对社会、世界产生不了价值。绝大多数时候，商业不是竞赛，而是"黑暗森林"。

12 　　商业竞争到最后，都是在有限的时间和有限的金钱的约束下，比拼谁的结果最大。

模式

扫一扫，查看如何构建
属于你自己的商业模式

Part 4

架构模式

用模式提升赚钱速度

跑通商业模式，才能成就巨大的财富效应

喊着努力赚钱的人，往往赚不到钱

天天喊着努力赚钱的人，一般都**赚不到大钱**。

为什么？强调努力赚钱，意味着忽略了很多除努力以外的变量，**这些变量隐藏着赚大钱的关键**。想做成任何事，最重要的是找到正确的路径，而不是在错误的方向上持续努力。

我跟人聊天时喜欢问一个问题，但这个问题很少有人能回答得上来：你这辈子给自己设定的财富上限是多少，是千万级别的，还是亿级别的？

人有不同的理想和目标，其人生结构也是不同的。

我之前写过一篇关于资产过亿的老板的文章，收到了一个朋友善意的提醒。他说，你觉得很富有的财富数字，可能有些人觉得这个数字没有说服力，连带着认为文章没有说服力。

我一想，好像也对，文章里写的是千万级别身价的成功，这种成功是靠当高管、靠分股权得来的，那么身价上亿的人可能对这个路径看不上、不认可。

《2020方太·胡润财富报告》显示，在拥有亿元人民币资产的"超高净值家庭"中，企业主的比例占75%，炒房者占15%，职业股民占10%。中国人口数超过14亿，拥有亿元人民币资产的"超高净值家庭"达到13万户，我朋友圈里的企业老板和高管不少，有几个资产过亿的人看过我的文章，不算稀奇。

我喜欢看企业的研报，喜欢看财富排行，喜欢研究钱的结构。网上有个段子，如果福布斯全球富豪榜上没有你的名字，就继续去努力。但努力只是积攒财富的必要条件，远非充分条件，我想通过这些文字，让你对财富的产生、流动有所感觉。

行业是企业的天花板，企业是人的天花板。

广州有一家"阿婆牛杂"，是一位阿婆坚守几十年卖良心牛杂创立的店铺。一间小店、一个人、一辈子，她坚持做物美价廉的好牛杂。一问，阿婆能赚多少钱？赚的是什么钱？天花板在哪里？

后来，这个小店和故事被记者发现，记者写了文章，做了采访，故事破圈传播，很多人专门寻访。后来"阿婆牛杂"每天接待爆满，供不应求。再问，阿婆能赚多少钱？赚的是什么钱？天花板在哪里？

再后来，这家店被资本看到，重新包装了一番，以"阿婆牛杂"的故事传承核心品质和精神，在广州开了很多家连锁店。三问，阿婆能赚多少钱？赚的是什么钱？天花板在哪里？

你先别急着回答，思考一下，再往下看。

阶段一：赚辛苦钱，天花板是服务半径

实体服务或虚拟服务刚开始的服务半径，就是在自己的小圈子里。很多人吃了牛杂，觉得味道不错，推荐给两三个朋友，说物美价廉。当附近几个街区都知道后，这家店的增长就逐渐稳定。很多社区小店，如美容、瑜伽、婴儿游泳等店铺，就处于这个阶段，挣的是自然流量，也就是社会给的工资。

我的公众号目前也处于这个阶段。我以三到五年的战略定力徐徐图之，寻找实现增长的机会。按照行业发展规律，我发现在市场整体萎缩的情况下，一些天花板不高但又有自己特色的公众号会"跑"出来，并且活得很滋润。

阶段二：赚流量钱，天花板是服务能力

一家店能做到供不应求其实已经超越了大多数的同行，而

突破服务半径靠的是更高量级的传播。阿婆牛杂在长年积累了口碑后，靠记者的采访和宣传实现了跨圈传播。

做好产品就像把巨石推上高高的山，推得越高，势能积聚越大，千钧之力，蓄势待发。而好的传播就是用长长的坡道，把产品的势能转化成翻滚的动能。

不论是国家层面的"讲好中国故事"，还是企业层面的"讲好品牌故事"，都是想推动传播。有效传播的结果就是店铺在短期内实现供不应求，阿婆牛杂要排队、陈添记鱼皮要排队、点都德要排队……这都是供不应求的表现。

2023年，在我的公众号改版之前，我休了一周的长假。我和一个做外贸的小哥阿德讲这个事儿的时候，他不是说你好辛苦，而是说"忙"证明业务好，挺不错的。

我说，我这是以肉身换钱，天花板肉眼可见，和他们这些做产品的相比不值一提。人的服务能力有极限，或者说极为有限，要突破这个天花板，走向更高层级的成功，还需要加杠杆。

阶段三：赚品牌和工业化的钱，天花板是行业规模

突破服务能力靠的是工业化，我之前在听商业分享的时候，老师提出了一个观点：所有我们看见的连锁、复制、裂变现象，本质上都是工业对服务业的降维打击。

为什么刚开始中餐的餐饮连锁只有火锅火了，不是因为火锅有多好吃，而是因为火锅连锁店背后的供应链最快成熟。海底捞背后站着同宗同源的颐海国际、蜀海供应链、蜀韵东方、微海等企业，把开一家火锅店需要的底料、食材、装修通通工业化，把管理和培训通通标准化。

成熟的工业化与标准化使火锅这个品类快速在全国铺开，也使海底捞成为餐饮连锁第一品牌。

阿婆牛杂实现连锁以后，赚的再也不是阿婆用劳动换来的钱，而是故事和工业化的钱。哪怕做到了工业化、标准化，它的增长依旧有天花板，这个天花板，就是行业规模。

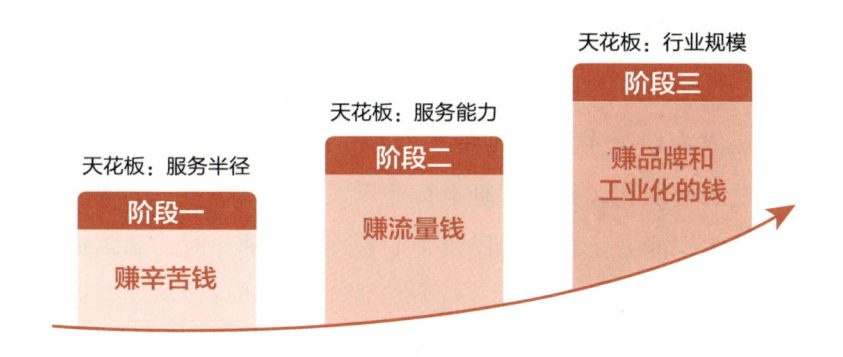

赚钱的三个阶段

- 阶段一：赚辛苦钱（天花板：服务半径）
- 阶段二：赚流量钱（天花板：服务能力）
- 阶段三：赚品牌和工业化的钱（天花板：行业规模）

链家老板左晖去世后，我看到他之前的受访片段，李翔问他第一次创业选择的是保险，第二次是房产，这两个行业有什么共同点，当时选择的逻辑是什么。他说："逻辑就是大。我自己没有上升到理论，前一段时间看黑石老兄的那本书（指苏世民的自传《我的经验与教训》），他就说做一件小事跟做一件大事付出的努力差不多。我当时觉得，要选大的事去做。"

有道理吗？有。

咨询行业在没有被标准化之前，一个达到几十亿元级别的企业已经算是行业巨头了。而在房地产行业，几十亿元级别的企业几乎分分钟会被吞掉。

像万科、碧桂园那些巨头，一个企业的年收入就可以抵上整个咨询行业的年收入。大水养大鱼，一条好赛道的发展上限足够高，成长期足够长，就可以让你拥有更多的可能性。

所以，互联网行业破"卷"的方法一定是全球化，不然，增长一旦停滞，就会陷入无穷无尽的"内卷"。

能成为顶级企业家的人，实力和运气缺一不可，既拥有经济发展的红利，又恰好赶上行业爆发，还具备合适的资源和强悍的组织能力。我在给民营企业管理者做辅导时，偶尔也会问他们想把企业做到多大，而大部分管理者的真实想法是做到上市。我笑了笑说，等企业真正上市的时候，他们又不会这样想了。

要庆幸，我们生活在这个璀璨的时代。

有什么特质的人更容易抓住机会

从白手起家到世界首富,每个人的赚钱模式都有天花板。

收入不是永远上涨的,打不开天花板,未来就只能缓慢增长。如果你干活很厉害,但不懂得带团队,升部门经理的机会可能就轮不到你。天花板的高度是决定大部分人财富总量的关键因素。

每次突破天花板,不光要靠努力,也要看机遇,遇贵人。

那么，什么人容易得到上帝的恩宠，撬动资源和机会？

- 遇事，喜欢琢磨
- 目标坚定 路径灵活
- 能被看见、被信任

更容易抓住机会的人物特质

遇事，喜欢琢磨

从小，我就喜欢琢磨。我经常给人分享一个故事，小时候，在一年级数学班的选拔考试里，老师给了一个小时的时间让我们计算"1+2+3+……+100"。有的小伙伴拿着铅笔就开始计算，有的小伙伴面露难色，坐我后面的那个小胖子，十根手指头掰完后，"哇"的一声哭了。

当时我没动笔，一想到要计算这么多次，一次也不能错，我心里犯怵，有点打退堂鼓。老师见我眉头紧皱，一个字没写，却也不放弃，他拍肩问道："万同学，你在想什么？"我撑着一张稚气的脸说："老师，我在想，你为什么要我们算这个。"然后，我敏锐地察觉到老师面露欣喜。

肯定有目的！

差不多到第50多分钟，该放弃的人都放弃了，我逐渐开始紧张，因为时间快截止而产生的尿意不断涌来。高压之下，我找到了思路，我发现首尾对应的两个数字相加都是101，只要算出50个101就可以得出答案。可惜那时候没学过乘法，我算不出5 050这样的答案。

后来，这件事被我自己贴上了标签——**花59分钟研究规律，用1分钟写出答案。**

这样做有什么好处呢？

一是不会畏难，勇于接受挑战，解决问题；二是不会成为一个做事死板，被人驱动和命令的人。

我以前写过的一篇文章里提到，赚钱有步行、骑马、开车、坐火箭等多种方式。你可以羡慕那些出生在罗马，直接坐在火箭上的人，但我们模仿不来，他们也不会把钱分给我们。

所以，我们要多去琢磨、学习那些从步行开始，最后坐上火箭的人，他们有哪些特质，是怎么发家致富的，他们身上有哪些值得学习的地方。

相比于在学校这个"新手村"，在社会里难的不是怎么做，而是没有人告诉你要做什么。**在这个开放世界里，"做对的事"比"把事做对"更重要**，早琢磨出来，早接近梦想。

目标坚定，路径灵活

你必须承认，大部分人既懒又蠢，还不自知。所以有人说，只要你稍稍努力一下，就能超过70%的人。罗振宇把这个现象叫做"**苟且红利**"，意思是因为多数人的苟且，你只要努力，就能收获超额的回报。

我不完全认同这个说法。如果稍稍努力就能收获回报，为什么这么多人年初制定了计划，到年中就做不下去了？按道理说，我们的长期坚持都会在一个个日常重复中不断收获正反馈，从而形成正向强化，最终成为个人的特色或特长的。

换句话说，别人在哪方面夸你夸得多，你在哪方面就更愿意精进。那些坚持不下去的人，多数是既没有为自己准备正反馈度过寂寞期，也没有坚定的目标，常常随意改目标的人。

缩小理想和现实的差距，是人生进步最大的驱动力。

做事不设定目标，结果往往会很烂。王健林著名的"小目标理论"，就是这种驱动力的具体化。

我先问个问题，对于赚钱和工作，你是怎么理解的？绝大多数人都没有思考过，只觉得别人都这样做，所以我也要工作、赚钱、拿高薪。

而我是怎么想的？我把工作当成人生的一个阶段，先以赚钱为主要目的，像读书一样最好能早点毕业，而我在这个阶段的毕业目标是资产达到半个亿。

当我刚毕业来到广州，把这个目标告诉身边人的时候，他们都在帮我算：你一个月拿6 000元，不吃不喝，大概要从宋朝就开始工作……我没搭理他们，只是笑笑，然后开始不断升级自己的赚钱模式。

在别人看来，咨询顾问已经是高强度的工作类型。但我一边当上了合伙人，一边还在广州开摄影工作室、组股票圈、买房、投资黄金、做FA（财务顾问）、做天使投资人。这些都是路径，有些成功了、有些失败了，有些只能赚小钱、有些能赚大钱。在20多岁的时候折腾，成功或失败都不重要。

重要的是要折腾。

对于路径，我看得很灵活，重要的是要拥有解决问题的能力，而不是知识经验本身。这些折腾，让我形成了比较清晰的对商业、产业、财富的认知和理解，于是我就有了更多的路径，最终实现了定下来的目标。

如果有一天管理咨询行业被明令禁止了，我的收入结构应该很快就能恢复，包括现在做公众号，我是奔着做三到五年，长期每天更新的方向去的，把文章分享给商业人士，打造影响力，最终全面提升事业的层次。

如果没有达到预期，怎么办？那就去公域引流，去各平台求关注，去做短视频，去想各种各样的办法。定下的目标和吹过的牛，我一定会想方设法实现。

在实现目标的过程中，你会遇见很多机会，会有很多资源向你聚集，最终成就你的事业。

能被看见，被信任

我之前参加了"得到高研院"，里面有个"小红花"机制，即喜欢谁就送谁小红花。在三个月的学习里，除了自己的小组同学，我只认识个别外组的同学。而几乎所有"得到学习班"的优秀学员，他们身上最重要的特质是被别人认识和信任。

在企业咨询中，我们几乎在每一次和客户接触时，都需要重复地介绍自己的项目经验和方法工具，这本质上还是一个建立信任的过程。这个信任是有成本的，至少在时间上有很高的成本。

我在写公众号文章的时候总是想，如果每天花一些时间在平台上分享商业认知和咨询实践，会不会哪一天某位读者有项目咨询需求的时候，就会因为这份长期的陪伴而跳过信任建立阶段，用低成本的链接开始创造价值呢？

如果你觉得没有，那也只是因为我现在还不够强大，需要继续积累，直到有足够多的背书、信任，可以产生强大的影响力。

阿里"独孤九剑"的价值观里有一句"因为信任，所以简单"，当上帝准备抛出他的机会的金线时，我想他应该也会选择那个被他看见，让他信任的人。

什么是商业模式？
如何设计你的商业模式？

不少读者想做业务、做生意，会在我的公众号后台留言，问我某某业务能不能做。因为我是商业顾问，在听说一个业务的时候总会问："你想清楚商业模式了吗？"

很多人会说自己的产品多好，技术多先进。我相信你的产品确实好，技术确实先进，但为什么你还没有成为富翁，没有实现财富自由？你想清楚你的商业模式了吗？

什么是商业模式？如果去看商学院的那些书，他们会用很大篇幅，把概念写得很复杂。我在这里"讲人话"：商业模式就是"你卖的是什么产品"和"怎么把产品卖出去"。

敲黑板，再说一遍。

你的产品是什么？怎么把产品卖出去？

商业模式中的关键要素

我为什么要讲商业模式，是因为在我的读者群里，大家分布于各个年龄段、各个城市，拥有各种经历，所以对商业都有属于自己的认知，有的人可能在某个方面理解得比我更深刻。

但作为商业咨询顾问，我掌握的并不是某个特定领域的知识或经验，而是把这些知识与经验抽象概括形成帮助企业的能力。

很多人在讲商业模式的时候，喜欢讲一些"洗脑"的、当下流行的、吸引眼球的内容，什么"羊毛出在狗身上""先亏损、后做大""流量打法"……这些算不算商业模式？都算是商业模式。

然而，它们拼凑起来并不等于商业模式本身，就像你摸到大象的耳朵，但它并不等于大象本身。

为什么这么多人听了很多大道理，却依然做不好生意？理解一个东西有两种方式，一是先了解很多知识点，然后逐步在脑海中形成一个结构，二是先了解整个结构框架，再慢慢往里面填充内容。

同样是开饭店，买肉、买米、买其他食材，米其林餐厅和烧腊店的商业模式就不一样。

我们公司以前经常接到一些需求，如完善一下商业计划书。当我拿到商业计划书时发现，它通篇写的是团队有多厉害，技术有多强悍，赛道是千亿或万亿级别等等。这很有意思，我们内部把它称为"To VC"模式。

什么意思呢？就是他自己也没想清楚该怎么赚钱，但是写了商业计划书，先用它把风投公司的钱赚了再说。

当然这也是一条在过去十年里被验证过可以走通的路。很多企业最后没有赚钱的希望，或者一直没赚到过钱，但可以源源不断拿到投资，听起来也是蛮爽的。

我修改商业计划书时，一定会问几个问题，"产品是什么""怎么把产品卖出去"和"能赚多少钱"。很多创业者说不清楚，但如果一个商业计划书讲不清楚这几个问题，说明创业者还没有想清楚商业模式，这样的企业大概率会失败。

记得我刚开始写公众号文章的时候，就有人问过我："你觉得短视频的未来发展怎么样？"当我们持续聊下去，我才知道他原来是一个做线下服务的店主，想通过发短视频到网上吸引客源。如果只问短视频的前景怎么样，前景当然是好啊，也代表了未来的趋势，就像祖国未来繁荣昌盛是必然的。

但你要思考的是这和你有什么关系，如果祖国的发展只靠人工智能，而不是靠我们实现的，那跟大多数人没有任何关系，很多人还有可能被抢饭碗。

短视频未来的前景如何，和你能不能用短视频的方式吸引客流，是完全不同的两个问题，它们之间最多只有相关性，没有因果性。

所以，你创业也好，做副业也罢，**一定要想清楚你的商业模式是什么，未来的大趋势跟你有什么关系。**

也许你会问，如果商业模式没想清楚，能不能先做？可以，但我建议你降低预期、降低成本。

在研发里有个叫MVP的概念，就是最小可行性产品模型。什么是商业里的最小可行性产品模型呢？例如，你发明了一种果汁，你觉得果汁好喝，打算去做一个果汁商，接下来你要做的一步是什么？

不是投钱开始生产！

不是投钱开始生产！

不是投钱开始生产！

重要的事说三遍。

下一步是把果汁拿去给周围的朋友喝，问问他们的意见，或者到马路上摆个摊（摆摊必须"持证上岗"），又或者到一些店里，给店主们试一试，看他们愿不愿意上架卖你的东西，如果真的有很多人来买单，你可以推广这种模式。如果大家都不愿意为之付费，说明你这个商业模式还没走通。

这就是第一步，用最低的成本去验证商业模式的可行性。如果大家去视频网站看了纪录片《富翁谷底求翻身》，其中一个人物就是成功走通果汁商业模式的典范。

所以，商业的本质还是交易。所谓交易，就是"我的产品是什么""怎么卖出去"。至于互联网模式、投融资模式、"To B""To C""To G""To VC"等的玩法，不过是在这两根枝干上开出的各种鲜艳的花。

创业也好、做副业也罢，最重要的是要找到自己的商业模式，你既不要觉得没有商业模式也能做，也不要觉得商业模式是很复杂的理论。

围绕"我的产品是什么""怎么卖出去"两个问题认真思考，然后不断迭代、优化，最终形成的就是你的商业模式。

大部分人只看得到
眼前的利益

有人问我为什么会选择"日更"这种模式发文章?

我不喜欢喝酒应酬,也不喜欢运动锻炼,晚上要么加班,要么在家,公众号是最好的交流渠道。作为公司合伙人,我出差多,调研介入深,在此期间,我见了很多人,看了很多企业,想了很多事,加上"爆棚"的文字表达欲,就能讲很多新鲜的东西。

这些年过去,我的文笔风格变化很大,从堆砌华丽辞藻到现在接地气地把事情讲明白。我每天写几千字,读者也愿意乐呵呵地看。但我建议看任何问题都要多思考一下,能不能透过现象看深一层。

我之前在公众号里看见一个关于我的咨询费是多少的疑问，我没有直接回答，而是给了个做咨询的标准：企业年收入过亿元，规模在50人以上，企业管理环境发生了变化。为什么大致定了这么个标准？在这里，我主要谈谈前两个标准。

第一是企业的年收入。

如果企业的年收入只达到几百万元、几千万元，换算一下，你就能很清晰地明白，你很难拿出一年利润的大部分去做一个不为企业带来直接效益的事。咨询就像相机里的"徕卡"，它好不好？好，但贵也是真贵。

如果你没有一定的财富，强行购买是不可取的，你应该买便宜的相机，选佳能、尼康、富士、苹果、小米等品牌。

第二是企业的规模。

我有个在某细分领域做软件开发的朋友，五六个人每年能做出几千万元的业绩。这种类型的企业是完全不需要做咨询的，即使收入上亿也不需要。

为什么？五十人以上的规模是一个虚化的概念，代表组织复杂程度增加，原先的管理模式受到限制。公司规模在十人以下，如果要传个消息，老板在周会上说一声就可以，他还能记住所有人的名字，所负责的工作，甚至家住哪里，感情状态如何。

而五十个人的管理几乎是一个老板管理范围的极限，如果组织要发展，但信息的庞杂度超越了人类大脑的带宽，必然造成信息的不全面和效能的下降，此时需要专业管理的介入。

当然不是说必须借助管理咨询的力量，很多人看看视频、听听课、看看书，也能收获一些启发。我讲的这个是必要不充分条件。

话说回来，我在整个青少年时期受到的教育，写的文字，都让我看起来很像一个普鲁士教育体系下的优秀学生。普鲁士教育是什么呢？我们把时间线拉回古代，读书识字其实是一个很高档的活法，就跟现在学生读国际学校或贵族学校，天天练马术和高尔夫球差不多。由于生产力低下，不需要那么多人读书，绝大部分人在地里劳作就可以了。

但为什么人类需要开始大规模培养识字和会考试的人？

因为进入资本主义社会，机器的使用产生了大量的财富，人类不再需要让绝大部分劳动力依附在土地上，而是需要让他们在流水线上、在工厂里生产，所以普鲁士教育的出现，本质上是生产力的变化引起人类素质结构变化的结果。

我之前服务的一家云南公司里，一线工人的受教育程度是很低的，但足以组建起生产线，使企业营收达到一年两亿元。这群人如果分散在地里，他们的生活水平大概率也就是刚刚能达到温饱的程度。

普鲁士教育传到中国，到今天依然是社会的主流，从小时候到青年时期,我一直都是受益者之一。发生转变是在进入社会后,我发现这些东西没什么用。

确切地说,是对赚钱没用。

从毕业到现在,我就进入了两个行业,一个是电视购物,一个是咨询。对于咨询行业从业者来说,看人不是看分数,而是看智商。分数和智商有相关性,但两者不能完全画等号。

简单来说,做咨询的人必须是真聪明,这是只靠"小镇做题家"的勤奋很难达到的高度。迄今为止,我经历过几百个项目,每一个都时间紧、任务重,想要赚到钱,一切就要向效率靠拢。

例如,加班在公司是基本要求,而在加班的基础上,你一定要有效率,否则工作就完不成。在有限的时间里,质量要求是确定的,唯一的出路是聪明和效率,所以我现在的一切动作都指向效率。

所以,我为什么选择日更文章?为什么写两千字?因为经过刻意练习,我写两千字的文章可以控制在一小时左右,不仅能使文章言之有物,我写下来也酣畅淋漓,且成本极低,再借助互联网这个优秀的杠杆工具,它会产生比投入在企业咨询上更好的效果。

那么,实现人生跃迁还有没有别的办法?

有,用认知撬动资源和机会。

认知　　资源和机会

实现人生跃迁的办法

我以前讲过关于三代出贵族的故事，第一代通过血腥的原始积累，积累了财富；第二代通过学习怎么驾驭财富，把家族发扬光大。这时候的认知是杠杆、是能力，和在普鲁士教育体系下获得的知识所产生的效果是完全不一样的。

普通人因为资源、机会太少，难以收获正反馈，无法形成自己的策略和商业模式。

例如你炒股，拿五万元天天高抛低吸，一年辛辛苦苦赚了三万元。如果你拿这个时间好好工作，甚至研究一下怎么好好赚钱，说不定情况会更好。太多人都只看到外表，看到别人的做法好像成功了，就去模仿。但这么容易就能赚得到钱的话，世界上早就没有穷人了。

人生的财富曲线是一段一段的，每一段路都要走，急功近利就容易栽跟头。以前那个写议论文的我和现在写大白话的我，其实是同一个人。我写议论文，是因为在那个阶段可以得分；我写大白话，是因为这个阶段有人看。我不会拿着过去的东西，到现在的世界里来找价值，哪怕在那个时候、那个环境下获得的收益还不错。很多人纠结于自己一定要努力工作，升职加薪，慢慢理财，最后变成有钱人。其实这个道理不是对你说的，是对已经有了一定财富基础的人说的。

我建议你要把时间花在性价比最高的地方。

什么是性价比最高的地方？例如，你打羽毛球，第一步是去练技术，一旦装备成为限制你实现提升的瓶颈的时候，再去升级装备。而不是一开始就盯着林丹等人，看他们买什么装备，你就买什么装备，做纯粹的"韭菜"。

没有永恒的模式，只有最适应环境的策略。

我写文章，是因为写文章的性价比最高；没写文章，是因为在那段时间里有更重要的事。如果哪一天，我可以通过认知杠杆撬动资源赚钱了，那我就会全力以赴寻找机会，不计成本，只讲效率，像狮子一样，不出手则已，一出手就是大动作。

所以，你一定要搞清楚**自己的目的是什么，所在的阶段是什么**，然后把自己武装到牙齿，变成一台机器，用最合适的解决方案，打造无与伦比的比较优势。而不是在工作和生活中都被人牵着鼻子走，要你干什么，你就干什么，最终在小小的闭环里，浪费了三十年黄金职业期。

做自媒体赚钱的五重境界

我曾经接待了一个潜在的合作方，对方在做自媒体，做了半年，发现没办法涨粉，现在想和我学习如何做IP。我分享了一整套的打法后，发现一个普遍存在的问题。

太多的人沉溺于"技术"层面，但能力只是商业的一方面。更重要的是，同样做一件事，你有没有商业思维？

拿写公众号文章来举例子，最差的那一批人把公众号当成日记来写，既没有商业价值，又没有艺术、文学价值，大部分人因为没有正反馈，就被市场淘汰了。这是最低级的玩法。

往上走，高一级的是什么？**给平台打工**。

我见过有人用公众号搞流量的。做什么呢？做公众号"爆文"，起一个抓人眼球的标题。这类文章经常进入微信公众号的流量池，靠流量费赚钱。有多少钱？一篇阅读量10万以上的文章，大概能得到几百元的费用。你点进去现在的公众号文章推荐栏，发现几乎都是没什么营养的文章，它们大都遵循这个商业逻辑。因为门槛低、对内容要求低，不怎么涨粉，需要打通操作思路，所以很多人都可以把它当副业来做。我把这种模式称为"微信公众号的抖音化"，即用标题和封面吸引人进入，赚平台的流量费用。

还有没有更高级一点的？有，**做品牌信任**。

一些具有高信任度的公众号，一篇文章有几十个打赏，按一个打赏10元来算，一篇文章有几千的阅读量，作者就有几百元的收益，再加上接广告，商家还会支付一定的费用，这算得上一个不错的副业了。这类公众号涉及个人成长、教育、情感等领域，重在讲故事、讲经历，讲得让人感同身受，让人愿意花钱点赞。但这种就需要巨大的能量与持续的输出，需要与读者建立信任，所以适合那类有充沛的表达欲，有各种故事和各类生活体验的人。

还有没有更赚钱一点的？那就是**私域成交**。

那些做微商的，做高利润业务的人，把客户拉到自己的朋友圈，然后在微信里成交。这类产品的定价完全不同于产品本身的价值，而是基于客户的信任及其付费能力。多数这种搞流量的业务，后端会有各类产品，从几十元的产品或服务，到几千元、上万元的产品或服务，不论是做代理还是分销，总有一款适合你，并且这类业务的毛利都超过80%。有的人每天发朋友圈，左手薅流量，右手像榨汁机一样把甘蔗榨干成渣，然后去寻找下一个流量洼地。

但是，上面说的这些都是"做加法"。一个人的精力有限，有了"A"就不能做"B"。那么有没有"做乘法"的？有，搞矩阵和师徒制。

我是怎么知道有做"爆文"的呢？是因为有人在收徒，找人做兼职，说做这个业务能赚钱。如果你想参与，先交一笔费用，然后按照对方的模式来做，获得利润分成，保证你在一个月内收回成本，如果收不回就如何如何。后来有了AI，连文章都可以由操盘手提供，你只需要在接到文章后起个标题、配个图片，然后点击发送就可以了，这就是"线上版"的厂家和渠道商，实现了一个人成倍增长的规模。搞矩阵也是类似的，像参哥、张琦等人，就是一个人"生产商"，许多账号操盘手是"渠道商"，实现多级覆盖，总有一款适合你。

这些模式不存在高级与低级之分。越靠前的模式，离钱越近，越靠后的模式，越需要系统化、体系化的操作。**你在哪个阶段，就主要赚在那个阶段的钱**，花额外的时间和精力，为下个阶段的跃迁积累能量。

之前有人来找我，想付费参与做项目，对方说自己负债了几十万元，想要"翻身"。但是这和你拿10元给我，然后从我这里拿走100元有什么区别？我最终拒绝了。

能做多大的业务，要看你自身的能力——价值创造能力、资源投入情况与核心优势。我能做的只是帮你打通认知的卡点，让你少走弯路，结合你自身的情况，设计出一条路线。但关键的路，还得你自己一步一步走，人生的旅程，没有代驾。

只有证券化才能接住天量的"放水"

1840年，西方列强用坚船利炮敲开中国大门的时候，清朝的决策者们还沉浸在天朝上国的美梦中。在他们的认知里，中国有世界上最好的粮食——大米，最好的饮料——茶，最好的衣料——棉布、丝绸和皮革，这些就可以构成"100分"的生活方式。当英国人带着钟表、鼻烟壶、西洋缎子等欧洲商品来到中国请求贸易的时候，清朝的统治者毫不犹豫地拒绝了，理由是这些奇技淫巧只能看看，是不能作数的。

后来的事，所有人都知道了。

进入工业时代的欧洲各国,为什么会发动战争,扩展市场?因为在传统的价值体系下,丝绸、瓷器、茶占据了贸易价值链的顶端。

在那个价值体系下,西方的白银源源不断流入中国,而中国又不接受这一套新的贸易估值体系,所以必须要用强力建立一个新的估值体系,用工业品对抗农产品、手工业品,实现财富的转移。

一百多年后,中国已经迎头赶上,成为世界上最强的工业国之一,大家逐步接受了工业化。

在我爷爷那个时代,有地、有粮食就能娶到媳妇;在我大伯那个时代,结婚需要自行车、缝纫机和手表;在我爸结婚的时候,三大件变成了冰箱、电视机和洗衣机;到了现在,有房、有车成了结婚的标配。

商品价值在提升,但无论怎么变,大部分人对财富的认知从保障生存变成了拥有工业品,这是农耕时代到工业时代的升级。工业时代,社会发展极快,财富实现指数型增长,绝大多数情况下,处于工业时代的普通人的生活质量优于古代帝王。

但也有不好的地方,随着生产力的提升,我们手里的工业品变得越来越不值钱。买了手机,手机降价;买了电视,电视降价;买了汽车,汽车降价。这里有两方面的原因,一方面是生产力提高了,另一方面是供给端的货币增加了。

换句话说，产品越来越多，钱也越来越不值钱。拿钱、拿产品都不能阻止手里的钱越变越少，财富越来越向少数人集中。

很多发达国家的人口增长有限，生产力增长有限，需求增长有限。美国制造业迁出后，产业空心化，你是不是觉得没什么希望了？但是欧美地区，尤其是美国，在进入存量经济后为什么还有这么持久的增长势头？

如果不是工业化带来的增长，新的财富在什么地方呢？

答案是证券化。再看深一层，是共识。

你拿工业时代的思维也理解不了为什么特斯拉公司的市值远超汽车行业的其他企业。如果你穿越回一百年前告诉美国人，一个一年卖一百多万辆车的公司可以换掉其他卖出千万辆车的生产公司，他们一定会觉得你疯了，但这就是事实。

ChatGPT的出现让微软股价一夜大涨5 400多亿元，几乎涨了半个谷歌。不过，它带来的收益真能顶上半个谷歌吗？不！还是共识的力量，让人们愿意相信它在未来的表现。

同样的房子在广州天河区的珠江新城卖到每平方米十五万元，但如果放到番禺区的番禺广场，就只能卖到每平方米三四万元。学校、交通、绿化、环境……真的值那么多钱吗？其实还是共识溢价。

我们的赚钱能力有不同的档次：**靠时间挣钱、靠杠杆挣钱、靠资产挣钱、靠估值挣钱。**

靠时间挣钱 / 靠杠杆挣钱 / 靠资产挣钱 / 靠估值挣钱

赚钱能力的不同档次

我现在问你一个问题。比特币最高涨到四十多万元一枚,你怎么看?如果你觉得贵,证明你还在工业时代的财富思维里。为什么?

因为如果你接触过比特币,就知道它是可以无限细分的,这意味着本来你至少需要四十多万元才能参与这个游戏,变成了你无论有多少钱都可以参与这个资本的游戏。这一点无比重要,以至于资产的价值可以脱离它锚定的估值体系,让这个游戏变成完全依靠共识的力量推动的游戏。

信号已经很明确了,在未来的很多年里,我们都会在一个"大放水"的时代。只有极少数人看懂了,"大放水"需要进入共识时代才能承接得住,保住财富不被收割。

"放水"等于通货膨胀,也等于涨价,用工业时代的视角看,它不良性也不美好,被炒高的三、四线工业品房子就是这样让人怨声载道的。

唯有通过证券化,构筑新的共识,产生新的优质资产,承接"放水"带来的负债端扩表,才能日益强壮,有能力应对可能发生的更严重的危机。

换句话说,在注定"放水"的情况下,如果要控制通货膨胀,就要通过共识的力量消化天量的货币。

决策者要控制的是市场不要涨跌太急,不要覆盖面太广,不让具有金融属性的资产飞上天,让具有实用属性的产品用得起。

资产证券化的几种路径

事情要从大航海时代说起。

西班牙、荷兰开启大航海时代，但最初的海上淘金并不如想象中安全，远洋的船需要在海上航行一年甚至数年，期间要面对数不尽的未知和风险，如果船队在远航中出现问题，就可能血本无归。

老船长们凭借积累的资产（船队）和丰富的经验成了人生赢家，年轻的船员们除了冒险精神、不怕死的勇敢外，只能慢慢升级，从船员、组长、大副到船长，在很久很久以后才可能拥有自己的船和资产。

有年轻、脑子灵光的船员就想能不能在出海之前，找人筹措资金，等回来以后，按比例把获得的财富分给他们？

这实际上是个伟大的壮举，用经济学的话来说，实现了不同要素的合理配置——一方有钱，一方有能力，双方共同创造财富增量，以信用的方式，划分分配比例，共同实现财富增长。

这种玩法起源于民间，以其核武器般的影响力，迅速获得了官方的注意。荷兰和英国成为最先制定法律，保护和规范这种筹集资金形式的国家。

但这样的筹资方法还不能被称为真正意义上的股票，这只是一个雏形，更类似于期货。每次航行回来后，船队返还股东的投资并分配利润，和交割差不多。

但社会总是在进步的。

有资本家和大船队说，既然拥有了良好的互信，他们对收回资金也不着急，能不能把这钱就长期放在船队这里，不以某一次出海的成果进行分配。而是在某段时间内，按照其拥有的船队的所有利润，进行长期分配。这几乎就是现代的普通股票。

目前可考的全世界第一家上市公司就是荷兰东印度公司。不过当时也没什么国际法，世界是一片丛林，只要能盈利，这些公司啥都干。

股东们并不在意，他们只想让手里的钱增值而已，公司赚了钱，给股东们分红，他们也越来越有钱。在这个基础上，聪明人发现这个分红权也越来越值钱，甚至超过了分红本身。

之前我在自己的文章里讲为什么现金流游戏在国内还需要一定的本地化，因为成熟国家重视分红权，新兴国家重视增值权，不管这个资产是股票、债券、房地产、郁金香还是比特币。

这就是为什么同样是房子，我们不讲什么租售比，同样是股票，我们不讲什么股息率。

我们现在学的是几百年前的欧洲。从目前来看，我们的房市已经接近现代发达国家的水平。随着未来房产税的到来，大部分城市的房产去金融化，回归居住属性，整体逐渐成为成熟资产，讲究租售比，讲究现金流，弱化资产增值带来的收益。

我国股市目前仍然处于一个初级阶段，散户投资者占比高，投机情绪严重。这时候，最好的办法不是去跟风炒股，而是站在更高的维度，做一手市场。

中国的股票为什么不涨，指数多年稳如泰山，是因为国内的证券交易逻辑不是像荷兰东印度公司一样，公司赚钱，服务股东，而是套散户的钱，去满足企业、企业主的融资变现需求，其本质逻辑有点黑暗。

我服务过的那些投资类国企，几乎都是在一级市场投资，在二级市场变现。中国"放水"的时候，过去主要是房地产市场充当了这个蓄水池，但未来股市会扮演这个角色。中国股价会不会出现这种暴涨？会，宁德时代和茅台等股票有"蓄水"功能，但不是支撑"股市蓄水池"的主要逻辑。

中国股市现在的主要逻辑是通过北交所、科创板等新板块，吸收多余的资金。

这好比我们控制了一个可以开关的水龙头，当货币充足时，我们推动企业批量上市，稀释货币。当货币紧缩时，我们通过枯竭流动性，同时放慢上市审批的形式，关闭水龙头。这样能够避免货币超发，盲目推高资产价格。

在这里，我想说**投资要做顺势而为的事情**，少做小概率的风险赌博。

现在，道路已经很清晰了——通过实体企业持有一级市场的股权，再证券化，通过二级市场变现。

船长厉害的是出海冒险，所以你赚你认知内的钱就好了，而变现要靠背后的金主，靠专业的投资人和推手，他们吃到肉，你才好一起喝口汤。

第四章
复盘时刻

1 天天喊着努力赚钱的人，一般都赚不到大钱。

2 强调努力赚钱，意味着忽略了很多除努力以外的变量，这些变量隐藏着赚大钱的关键。

3 人有不同的理想和目标，其人生结构也是不同的。

4 行业是企业的天花板，企业是人的天花板。

5 一条好赛道的发展上限足够高，成长期足够长，就可以让你拥有更多的可能性。

6 一定要想清楚你的商业模式是什么，未来的大趋势跟你有什么关系。

7 人生的财富曲线是一段一段的，每一段路都要走，急功近利就容易栽跟头。

8 你一定要搞清楚自己的目的是什么，所在的阶段是什么，然后把自己武装到牙齿，变成一台机器，用最合适的解决方案，打造无与伦比的比较优势。

9 你在哪个阶段，就主要赚在那个阶段的钱，花额外的时间和精力，为下个阶段的跃迁积累能量。

10 能做多大的业务，要看你自身的能力——价值创造能力、资源投入情况与核心优势。

11 我们的赚钱能力有不同的档次：靠时间挣钱、靠杠杆挣钱、靠资产挣钱、靠估值挣钱。

12 投资要做顺势而为的事情，少做小概率的风险赌博。

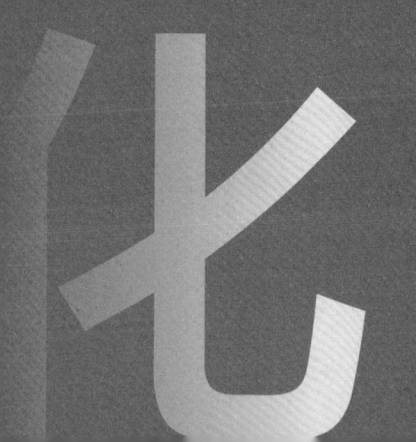

扫一扫，和万叔一起"进化"

Part 5 不断进化

努力成为时代的跃迁者

拥抱新的世界与新的增长

人生需要跃迁式、
非线性的成长

财富是靠跃迁得来的，而不是靠积累得来的。

你是不是觉得好像哪里不对，因为我之前不是一直强调人生要努力吗？但我从来没说过是为了现阶段的回报而努力。强化你思维里努力和回报之间的线性关系，是阻止你实现跃迁最大的障碍。今天我们就要拆掉你脑子里影响跃迁的思维"毒瘤"。

要明白为什么，首先要知道是什么，我们先来聊什么是线性思维，线性思维又是怎么影响我们思考真问题的。

我先举个例子，汉能集团是做太阳能光伏薄膜产品的，某天，董事长李河君突然登上各大新闻的头条，点开相关文章一看，大意是说，汉能薄膜发电的股价大幅提升，按照李河君夫妇的持股比例计算，他的身价超过千亿元，成了中国首富。

你是不是感觉哪里不对？如果中国出现一个新首富的话，为什么你从来没有听说过这个人？如果你也有这样的感觉，又说不清楚为什么，说明你的脑子里还没有掌握非线性思考的逻辑。

首先，身价是怎么来的？

股份 × 股价 = 总身价

但事实是这样的吗？你的股份值多少钱，和它被卖出去的时候能换多少钱，完全不是一码事。

我认识的一个快消企业的董事长曾经说过："当你作为最大股东开始卖自己公司股票的时候，股价会因为你的抛售产生抛压，抛压会导致股价下跌，股价下跌会让你的财富直接缩水，最终支撑不了纸面上的财富水平。"

所有拿"股份×股价"来计算身价的都是故意误导，而进行这种误导一定是有某种目的的。真正的企业董事长、大股东们很少大量抛售自己的股票，对这个级别的人而言，股票都不是这种买进卖出，高抛低吸的玩法，他们主要靠两个办法获得资金。

第一，质押。通过股权质押获取现金，而质押的价格基本就在股票的实际价值附近。

第二，增发。利用二级市场的流动性增发股票，稀释股权，筹集资金。

再回到我们最初的问题，为什么大家普遍喜欢，甚至认可线性思维？因为这个世界上大多数人都只会线性思考，哪怕线性思维会产生很反常识、反直觉的结论，也有很多人会相信。

我们经常听到"如果回到二十年前，你会怎么发财"的问题，你一定会脱口而出一个答案——买阿里、腾讯的股票。但从2014年阿里登上美股来看，如果在高点不卖掉股票，它现在又跌回了十年前的价格。你说在高点卖掉不就好了？也不是。

我再给你举个例子。2015年，我的项目组里有个小伙伴开始炒比特币，当时比特币从900多美元快速涨到1 000多美元，他忍不住买了，结果比特币一下跌回900多美元。他跟我说那段时间着急得晚上都睡不着，最后，他在回本到1 200美元时全部清仓，把钱弄出来结婚了。

结果大家都知道了，比特币在几年里最高涨到6万多美元，哪怕当时留2万元在里面，他用这几年时间也成百万富翁了。但你做得到吗？绝大多数人在那个情况下都做不到，因为未来是未知的，你不知道以后会怎么样，不知道比特币到底是不是一个骗局。除非你看到了那个系统的终局——你知道他必涨,这时你才敢忽略波动,坚持长期主义。

在阿里的巅峰时期,很多阿里人号称阿里的P7级别年薪百万,P8级别前途无量,就是因为当时阿里股价猛涨。但实际上,阿里的股票解禁是分年的,等到你的股票解禁时,股价可能也跌下来了。

那么,线性思考的习惯是怎么形成的呢?

第一,我们生活中最常见的变量——**时间**,是均匀的、线性流逝的。

这个绝对均匀给了很多人假象,衍生出很多基于时间的认知,如年终奖、工龄等。但其实时间的密度是不均匀的。

小时候,我们看《快乐大本营》节目,何炅每周都在主持,我想当然就觉得何炅应该是住在湖南,在湖南生活的。但很长一段时间内,何炅都是每周坐飞机来长沙录节目而已。为什么我会有那种理所当然的认知,因为我爹妈一年难出几趟远门,我脑子里不会有异地工作这个概念。

后来,我服务的企业越来越多,开始需要越来越频繁的出差,我慢慢理解了时间的密度。我会因为要讲课,需要提前好好休息,而买飞机的头等舱,也会因为第二天立马要去另一个城市,凌晨在外面开个房间。这都不是我想要或我故意做的,我每一次的选择其实都是权衡利弊后确定的最有性价比的决策。

这是先有认知，再有结果吗？不是。而是当你收入、消费变得不一样后，决策的基准线变了。收入决定脑袋，还决定决策。

第二，线性计算最多用到小学二年级数学，**好算**。

别小看这一点，好不好用决定了大部分人的基准线。

你去楼下买水果，问老板多少钱一斤，老板说五块五，你可能会说我买三斤，能不能便宜点？如果用边际效用递减函数来看，便宜是理所当然的，你应该理直气壮地索要。但你和老板都只有个模模糊糊的印象，觉得应该薄利多销。但为什么能薄利多销？不知道。所以买的没有卖的精，无论从交易结构、决策、还是博弈频率上看，大家并不是站在一个水平线上的。

为什么我要先跟你聊非线性思维？今天我跟你讲透了，你看社会、看世界的样子才会更加趋近真实。线性思考是自然而然的，只有极少数人悟到了，可以利用线性思维和非线性思维之间的认知差，去赚名声、赚钱。

我们要讲的几种认知工具，如指数增长、正态分布、幂律分布、贝叶斯决策等，都是非线性的。讲到这里，你对非线性的概念应该有个大概的印象。均匀的时间可以产生不均匀的结果，数字可以通过正态分布、指数曲线变成非线性的结果。认知的升级带来维度的碾压，从而让你在博弈中拥有更高的胜率。

我们继续。为什么我提出的是"跃迁",而不是"暴富""暴发"这一类的词?

举个例子,你把一块零度的冰加热一下,等到它全部化成水,你再测一下温度,发现还是零度。为什么?因为零度的冰变成零度的水是一种相变过程,这个过程中温度是没有变化的,但冰已经变成水了。这就是广义上的跃迁。

如果你游过泳就知道,游泳的过程不是今天游5米,明天游10米,后天游20米这么加上去的,而是先学动作,在水里扑腾、呛水,突然你发现自己能浮起来了,从此以后你就从不会游到会游了。当你再下水时,就会发现那种不会游的状态一去不复返。这是相变,也是跃迁。

《西游记》里,孙悟空的武力值不是慢慢增长的,在向菩提老祖学完归来时,武力就"满级"了。后来他去东海龙宫借一趟宝贝,凤翅紫金冠、锁子黄金甲、藕丝步云履、如意金箍棒一到手,装备也"满级"了。不管是上天庭,还是打妖怪,他的能力基本维持在这个基准线附近,没有太大变化,直到他后来变成了斗战胜佛,才又上了一个新台阶。

人生看起来很长,其实只有几个关键决策,是这些关键点上的决策对历史、对公司、对人生产生了关键的影响。关于跃迁这件事，我们需要明白两点。

（1）人生阶段、财富增长是不连续的，要更加精确地描述世界，我们需要掌握一些非线性的认知。

（2）如果我们能提前看到哪些决策是关键，后续会有什么影响，我们的人生就会像"开了挂"一样。

> 掌握非线性的认知，更加精确地描述世界

> 学会预判人生中的关键决策，掌握评估后续影响的能力

关于跃迁的两条关键认知

拿上这两条，再去翻看本书中其他内容，你可能会有新的收获与理解。

成功都是大力出奇迹

有个投资人曾经写过一篇文章,文章大意是"数量就是最重要的质量"。

从微观上看,大部分质量问题都出在某个地方数量不够。例如,"贫贱夫妻百事哀"主要是因为钱不够,而不是因为其他鸡毛蒜皮的小事。又如很多人觉得自己赚得不够多是因为自己工作不够勤奋,但实际问题是对外的链接太少,无法发生大规模的价值交换。

再如常有人哀叹世态炎凉、遇人不淑,本质上还是接触的人太少,因此没得选。一般人觉得微博没什么用,那是因为粉丝数不够（大约两万粉丝是个临界点），自说自话时没人评论，无法产生有趣的信息交换。

当数量不够的时候，你是没有认知基准线的，**而认知基准线就是我们在大量实践后产生的平均预期。**

很多人说想把自己"毕生"的经验写出来，结果写了一些内容就没有后续了，是因为他们"毕生"的经验其实没多少东西。古人说学富五车，也就是不到一兆字节的信息量而已。哪怕古汉语信息密度比较大，这个信息量最多也不会超过两兆字节。为什么在古代读书人都要背四书五经，因为社会整体的知识不足。西方世界的达·芬奇、莱布尼茨、特斯拉等人，因为自己的学习方法正确，成了当时的"全才"。

小时候，我的记性比较好，我看两遍《岳阳楼记》就能把它背下来，在学习上占了便宜。实际上，在现代商业社会里，记忆力好远不如准备充分重要，临场发挥始终不如做好万全准备。这时，你大量阅读、学习、观察、思考，产生新的洞见，产生新的认知基准线，要比死记硬背重要得多。

之前有读者问我要不要写一篇关于中国房地产的文章，其实我是想写的，但是讲中国房地产，要从改革开放，土地财政，分税制改革，现代货币和金融体系开始讲，才能勉强讲清楚宏观的部分。

我在飞机上看第一本书《置身事内：中国政府与经济发

展》的时候，以为自己看懂了，结果张嘴想跟别人讲时，就发现自己不太行。后来我在看第二本书《大国大城：当代中国的统一、发展与平衡》的时候，感觉到有些内容和我之前的经验联系起来了。在看第三本书《大崛起：中国经济的增长与转型》的时候，我对地方财政有了比较结构化的认知。

在看第四本、第五本、第N本书的时候，我已经从不同层面、不同角度、不同时间点对中国的房地产经济及其带来的影响构建了一个牢固的框架。虽然其中任何一本书，任何一个观点，我可能无法原原本本地背下来，但是整体的脉络、价值点、时间线，我一定记得很牢靠。所以你在看我的文章时，也不要想着自己学会了一个别人不会的武林秘籍，就能马上飞黄腾达。

很多事情都是大道至简，大力出奇迹，没有捷径。

我以前给南方电网做精益化管理的咨询项目，发现"海恩法则"被大家普遍认可——"每一起严重事故的背后，必然有29次轻微事故，300起未遂先兆以及1 000起事故隐患"。那段时间大家"拿着放大镜"排查、找隐患，处理了很多看起来微不足道的问题后，安全生产事故率还真就降低了。

所以，如果你不知道怎么建立认知基准线，我给你两种办法：

第一，花钱买别人的经验，不要买那种讲方法论的，要买指导你实操的，能真正拿到结果的经验，他们的认知基准线能够用于实战，帮你避很多坑。

　　第二，在降低风险的情况下不断去尝试，用足够大的，大到可以忽略个别特殊情况的数量去对冲小概率。千万不要守株待兔，有一两次的成功经验，就形成路径依赖，在错误的认知里反复打转，损失了钱是小事，错过的时间可就永远弥补不回来了。

① 花钱买别人的经验，要买指导你实操的，能真正拿到结果的经验。

② 在降低风险的情况下不断去尝试，用足够大的，大到可以忽略个别特殊情况的数量去对冲小概率。

如何建立认知基准线

跃迁成功的人都有什么共同特点

跃迁成功的人都有什么共同特点？

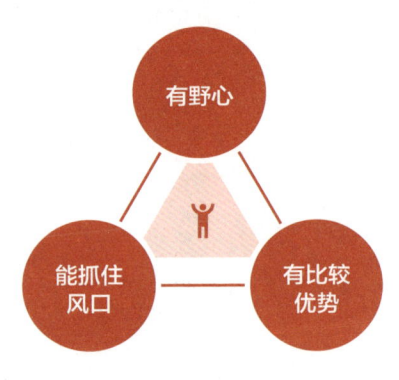

跃迁成功之人的三个共同特点:有野心、能抓住风口、有比较优势

第一是有野心

我看过一个纪录片，叫《月亮与四百万英镑》，纪录片里，欧成效对研究生小武表现出来的蔑视让他受到的评价两极分化。我在这里不做价值评价，因为人只要活在自己创造的闭环里，逻辑自洽，生活就不会很撕裂。一个在体制内退休的上海老太太，有退休金，有周围一圈跳广场舞的老头，有每周二、周四、周六的下午茶，她会觉得ChatGPT给她带来了很大的压力吗？不会，因为她生活在有养老金、下午茶、广场舞的闭环里。只要不出这个孙悟空的"圈"，外面怎么样和自己没有任何关系。

无欲就会无求，而野心来源于什么？极少数人有像刘强东等人一样从小奠定的心智——无师自通，一定要当人上人的野心。多数人的野心来源于自己生活环境，来源于与周围人的比较。

我在前面的文章里一直说"认知基准线"这个词，如果某人发现他周围有人乘上时代的风浪起飞了，他的心态就容易产生变化，会产生欲望和野心。

一些卖保险的人经常说："你的身价就是五个你最常联系的人的平均水平。"这个平均水平和自己的水平的差别，就是多数人的野心基准线。如果你身边有人一开始平平无奇，突然在某一年过年的时候开了大奔、买了别墅，那你的心态一下就会失衡。

我讲过广州市海珠区中大布匹市场里时不时出现有人做线上店铺，突然发财了的故事。其他人听说了这类事情，哪怕他们有多不想改变，也会试一试，看看自己有没有发财的机会。现在ChatGPT出现，逼得所有大厂都拿出了自己的"GPT"，哪怕只是个"PPT"，因为他们都不想本来和自己处于同一个水平的同伴突然一骑绝尘。

我有没有野心？当然有。是不是在小时候形成的？我小时候想得最多的是如果能在深圳赚钱，在湖南花钱，那就太棒了！

第二是能抓住风口

为什么前些年大家都一片欢呼，说经济形势好？很简单，因为有资本助推，尤其是美国华尔街的资本。

我之前服务过一家在国内做生意，在美国纳斯达克上市的科技公司。在调研的过程中，我摸清楚了整个套路——互联网企业通过一个好的想法或者模式获得天使投资，再通过产品研发做出MVP，并在某个地方试验，跑通商业模式，再拉下一轮投资，然后"砸"钱换用户数，在短时间内把用户数"烧"到一个可怕的量级，再挟庞大的用户体量去美国纳斯达克上市，最后完成资本套现，结束。这是互联网行业发展最舒服的时候。

不是有意冒犯，但我确实见过一些穿着格子衫，戴着黑框眼镜，头发邋遢，话都讲不清楚的程序员一个月赚到两三万元，这疯狂地拉高了大家野心和幸福的阈值。什么是风口，技术进步促使资本盛宴出现的地方就是风口。在资本的驱动下，流量变成天价，"爽死"了一众做流量生意的年轻人。

相对而言，国内资本就保守很多，很多人小时候都是穷过的，加上资本市场整体的谨慎，很少有人能撒币式地把A轮、B轮的投资当成风险投资。后来资本沉寂，风口不再，企业不讲规模，而开始讲利润，降本增效，影响了很多人。

第三是有比较优势

我给企业做咨询的时候，一些员工总是一副"你们领导不就是上传下达，分派任务吗，我上我也行"的样子。如果你觉得阶层的金字塔结构是不稳固的，你上你也行，那么请问问自己，和身边的人比，你的比较优势是什么？

有人听说做咨询顾问可以拿高薪、坐飞机、进高档写字楼、住豪华酒店后，也偷偷跑过来问我能不能跟我一起做咨询，学习一下。好像每个人都觉得自己有经验，可以做咨询，但我会说，我和一些咨询公司很熟，可以帮你内推一下，如果你能被录取，我不介意你和我一起做咨询。

结果我一年推荐几十个人，大多数人过不了人机逻辑测试，进不到Case Interview（案例面试）环节。

如果你真的觉得自己行，就去和别人比一比，看看你自己是不是真的千里马，有比较优势；看看你写的东西是不是比别人深刻一些，让大家都喜欢；看看你拍的视频是不是有干货，有自己的风格，有独树一帜的观点；看看你的账号是不是在同类账号里的权重比较高，而不要总是怨天尤人，说自己没有流量。

跑得比同伴快，就一定不会被狮子吃掉，这样的人在哪里都能做起来。

博主卢克文刚做公众号的时候，每篇文章都有几千人看，正是有这个基础和反馈，后来他才能成为有百万粉丝的"大V"。

依靠人民币国际化，新能源和人工智能的进步，新的康波周期已经很近了。熬过这几年，未来的机会和风口会超乎我们的想象。

那么，冬天应该做什么呢？我建议你学学古人冬天练筋骨，要稳住，修炼内功，**建立自己的比较优势**，才好去迎接新的辉煌。

那些跃迁成功的家伙是怎么抓住机会的

普通人努力的天花板有这么几个：一个是顺势而为的雷军，一个是单点突破的傅盛，一个是一生波折终有好报的俞敏洪。

什么叫普通人的天花板呢？换个时代、换个背景、换个行业，只要还是这几个人，他们基本都可以达到那个时代的等同于现在这个等级的成就。而马云、马化腾、张一鸣等互联网大咖，他们的成功几乎是不可复制的。

我们来拆解一下俞敏洪的经历。从创立新东方开始，他的职业生涯经历了三个层级的变化。

第一个层级是"产品人"。

1993年,俞敏洪创立了新东方学校,这是中国第一家提供TOEFL考试(托福考试)和GRE考试(美国研究生入学考试)培训的民营教育机构。在这个层级,俞敏洪怎么打造自己的核心能力?就是"死磕"TOEFL考试,通过各种手段把应试能力做到最强,做到有口皆碑,做到"火出圈"。

第二个层级是"企业家"。

新东方的成功使俞敏洪从一个创业者成长为一名成功的企业家,最典型的就是他拉了王强和徐小平两个在读书的时候比他更加优秀的人。2006年,新东方在美国纽约证券交易所上市,成为中国首家在海外上市的教育机构。俞敏洪在这个层级展现出他作为企业家的领导力,多重借力才有了新东方的强大。

第三个层级是"投资人"。

他不再全部靠自己拼搏,而是从新东方孵化出东方甄选,打造董宇辉等人,让新东方拿到进入下一个时代的入场券,使教育培训行业在"被锤"以后,新东方依然可以体面地换一种思路延续下去。

一件事爆发后,我们可以从浅到深对其进行至少三个层次的分析。最上层是看得见的部分,是故事、结果、公告。下一层是资源、策略、决策,也是我们可以学的地方。再深一层是逻辑,就是抽象出来的方法、原则。

很多人对一个企业或企业家的理解,在聊到故事这一层就结束了，但我们要听的不是故事和冰山上面的结果。我们要研究俞敏洪实现跃迁的背后有什么策略，有哪些关键资源在支撑着他。这些才是我们可以学习、可以准备的点。

在第一个层级里，俞敏洪的破局策略是抓住趋势，打造核心产品。

北京大学的工资不高，限制还挺多，但愿意走出这个围城，自己开创一番事业是他的惊险一跃。这时，俞敏洪踏上的风口是"中国加入世界贸易组织，北京申奥成功等事件发生后，中国人走出国门，对外语培训的需求与日俱增"。

而他并不是泛泛地谈提升英语水平，而是抓住了当时的刚需——TOEFL考试和GRE考试培训，也就是想出国深造留学的那一批人的需求。这也和他在北大教书的经历有关，如果不是这个经历，他可能都看不见这个需求。

所以我们要抓住一个趋势，找到核心问题，全力以赴去钻研，单点突破，制造影响力。

普通人最缺的是什么？是机会。短视频大潮来了，你还在纠结要用什么灯光、什么手机，怎么选题，怎么解决技术问题时，这大概率不会成为你的机会。

草莽从来都是混着泥浆和血水，大喊"王侯将相宁有种乎"，然后把脑袋别在裤腰带上冲出来的。你发现一个趋势就要像狗咬骨头、饿虎扑食一样，奋不顾身地扑上去，并做到极致，吓住所有想上来试一试的竞争者，让他们成为你看台上的观众。

所以，你明白了为什么中国有14多亿人，但净资产到千万元级别的家庭只有几百万个而已。如果你连这点风险都不敢承担，继续做个普通人也挺好。

在第二个层级里，从新东方找回王强、徐小平到2006年上市，俞敏洪的策略是依靠系统杠杆实现发展，这个层级展现了俞敏洪从一个产品经理蜕变成一个企业家的过程。

在第一个层级，需要**个人极致的努力**，而在第二个层级需要**系统的力量**。

新东方利用自身名气，汇集了各类英语培训的高人一起经营，这里面会不会有问题，会不会有矛盾，会不会出现品牌影响？当然会，如果处于相同境遇，你要问问自己，你赚的是什么，你格局的天花板在哪里。

跟大多数人一样，刚开始俞敏洪的格局也受限于"中央收税、各地分封"的模式，但从各地新东方学校抽成是新东方名气大于交付能力时的最优解。如果新东方自己培养人才，然后慢慢扩散，可能趋势的风口就过了，面临的将会是群雄并起，诸侯割据的局面。

但这也埋下了矛盾的种子，到了后来，俞敏洪、王强、徐小平三人之间的矛盾越来越大，俞敏洪请来时任北京和君咨询有限公司的总经理王明夫来解决问题。王明夫拍板，发展的问题在发展中解决，俞敏洪一边坚守北京新东方这个样板间，一边听了王明夫的话，靠资本的力量，寻求更大的发展来破局。

他不再纠结利润与分红，陷入中央和地方的博弈，而是确立了一切向资本市场看齐，各地谋求资本估值最大化的战略，从此一套目标平天下。新东方上市一年多后估值达到百亿元，妥妥地成为教育第一股。

这次的破局点不再是俞敏洪自身的能力及其产品，而是品牌的杠杆、团队的杠杆、人才的杠杆、资本的杠杆。在这几重杠杆的加持之下，产品游戏变成了资本游戏。俞敏洪也完成了从一个一年赚几千万的小老板到百亿市值、行业第一的大老板的蜕变。

第三个层级是俞敏洪对时代、趋势的理解。

2019年，新东方在线在香港上市，当时的新东方在线还是服务于新东方教育集团的一个在线教育板块。2021年，新东方经历了史无前例的打击，遇到疫情和"双减"，无数老板破产清算，欠发员工工资，在网上"卖惨"求支持。

冬天来了，劣质企业破产，人才、资源释放，本身就是天理循环。但俞敏洪可能早有察觉，体面地关停了新东方所有学校，补完老师们的赔偿费、课时费，支出两百多亿，还捐赠了所有课桌椅。后来怎么办？他也涌进了直播带货行业。

如果你从低势能行业转向高势能行业，那么即使过去经历失败，都还有新的希望，而直播带货明显是一个比教育培训大得多的赛道。在这样大的打击之下可以坚定选择一个新的赛道，利用旧的能力在新场景中找方向、找趋势，俞敏洪的商业能量已经大成。

看到这里，你好像懂了俞敏洪在各阶段的破局策略。很多深度分析、采访，包括我对事件的分析到这一层也就结束了，但现在我还要把跨越每个层级的核心目标以及重难点都掰开、揉碎告诉你。你可以当成一个进行自我对照衡量的指标，实现我开头跟你说的几个目标。

第一层级的目标是从一无所有到发挥工具价值

我在前面的文章里写了关于价值的几个层次，只要你不是资源所有者，你的开局往往都是从发挥工具价值开始的，通过发挥工具价值，获取未来谋生的手段，积累自身的能量，这是你的必经阶段。

这个层级最难跨过的地方有两个：一是实力有限，不钻研、不进取，无法"出圈"；二是过早寻求结果，宁愿去差一点但安稳、平顺的环境，而不去拥抱洪荒的、未知的趋势。

这时，你会经历被人占便宜，被公司领导公开或不公开地压榨，会产生很多的抱怨和委屈，觉得社会或组织对你不公平。怎么办？你所有的委屈、精力、时间都是为了给公司的核心业务和核心部门解决核心问题的。你处在一个向上的趋势中，那任何委屈、吃亏都算不得什么。

这个结果包括很多，如自己的收益、稳定的生活、舒适的工作内容等，它们在这个阶段都不重要，结果并不重要，重要的是经历、体验、历练，都在这个层级。

第二层级的目标是将个人贡献转变为组织贡献

当你发挥了工具价值，并遇到让你操盘的贵人，开始将个人贡献转变为组织贡献后，你要做的是扩充你的系统力量。你认识多少人，有多少人能帮你、加入你，和你形成链接，成为利益共同体，就变得极为重要。

你的目标就从你有多好的产品、多优秀的名头，变成你能驱动多大的杠杆，有多大的组织能力。

这个层级最难跨越的地方有两个。一是从"我来做"变成"我驱动别人做"，尤其是在专业壁垒高的工作中。我经历过才明白自己做和带人做的差别，二者需要的能力大相径庭。用了差不多一年的磨合期，我从一个自己干活的高手变成了一个培养人的高手。

二是从交付变成链接，能够驱动组织杠杆、品牌杠杆、渠道杠杆、资本杠杆。刘强东当年融资的时候，也不清楚什么是公司估值，还拿公司的净资产盘点去和徐新谈。这就是专注做事，缺少相关的品牌、渠道、资本和组织能力的表现。

想跨越一个层级，你就不要再钻研具体的事物，而要把时间用于**链接资源、打造品牌影响力、获得资本认可**。这一关非过不可。

第三层级的目标是将组织视角转变为资源视角

到了这个层级，你要以认知和价值观驱动，做符合商业趋势、历史趋势的大事。

看似转了一圈又回到趋势上，但两种趋势完全不一样。第一个层级里的趋势是指你觉得房价要涨了，就赶紧去买一套房。第三个层级里的趋势是指你觉得国运来了或经济周期到了，就赶紧去买地建房，迎合市场的需求规律。巴菲特看懂了但不明说，而是说天上掉钱的时候要用大一点的盆来接。

在这个层级里最难跨过的就是以固有视角去看待时代趋势，执着于自身的能力、经验、方法论，不敢再创业、创新。傅盛说过一句话，大意是过去的经验实际上是未来发展的障碍，要学会更快地清空，去下个阵地，获得最大的成长，他就是理解了进化本身。

基本理解上面的逻辑后，我再跟你拆解我服务过的一个客户——中华遗嘱库。

老板原来是个年薪几十万元的普通律师，经常去国外玩。有一次，他在澳大利亚的律师交流会上发现当地的遗嘱业务已经非常成熟，而国内遗嘱业务的发展还差很远。差距就是势能,他悉心研究这方面的内容,用两三年时间出了几本书,也发了不少相关领域的文章,成了(号称)国内第一人。

他从零开始,在某个领域内打造卓越产品,打造个人影响力,这是在第一个层级。而在第二个层级,他通过这个"第一人"的身份链接了很多人,尤其是很多身处北京的退休干部,其中就有贵人。

几次见面后,贵人告诉他要高举高打,要拿下名头。他自己没有这个势能,那怎么办呢?贵人帮忙摘下了"中华遗嘱库"这个招牌。现在你明白了吗?有前面的产品与认知势能做支撑才会产生链接,才会有人愿意和你组成利益共同体,共同开展业务。

这还不是结束,拿下招牌以后,虽然中华遗嘱库的名头很响,但一直不赚钱,因其公益属性而不能商业化。怎么办呢?我设计了一个商业化手段,总结下来就是"三区分、三强化"。"三区分"是区分客户、区分产品、区分服务,"三强化"是强化遗嘱库的公益属性、强化遗嘱库的品牌认知、强化商业合伙人的利益回报,同时建立合伙人机制,把品牌架构拉大,争取"封杀"品类,避免未来全国各地的"诸侯割据"。

老板非常满意最终的方案,几年后中华遗嘱库就从亏本的公益项目变成一个每年营收达到几千万元的商业项目。至于第三个层面，它目前还没有到达。但未来如果行业发生了变动，这家头部企业一定能有话语权。

《隆中对》里诸葛亮说："天下有变……则霸业可成，汉室可兴矣。"这种趋势性的增长需要天时地利人和，但我相信不会太差。

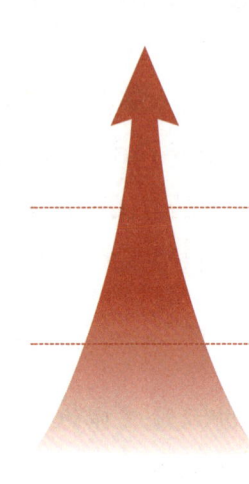

将组织视角转变为资源视角
- 做符合商业趋势、历史趋势的大事

将个人贡献转变为组织贡献
- 链接资源、打造品牌影响力、获得资本认可

从一无所有到工具价值
- 获取未来谋生的手段，积累自身的能量

跃迁每个层级的核心目标

没有运气的人如何跃迁

为什么核心城市、核心区域的房价那么高？

我先举个例子，如果世界上有100个人，只有99个人的粮食，以前一餐10元，现在大家来竞拍，粮食的价格会被拍到多少？是不是粮食少了1%，价格只需要增加1%呢？或者价格增加10%呢？实际上，粮食价格会涨到第100人用全副身家也买不起的地步。

今天我跟朋友聊天，说为什么核心资产都会向强势方集中？

因为社会发展具有周期性。

新冠疫情期间,很多餐饮店和商铺都关门了,一些新兴品牌趁机占据了中心位置,这是为什么?有人觉得是新兴品牌有钱了,租得起核心区域了。但核心区域永远是稀缺的,商场又不能用拍卖的形式,把价格提高到最后一个竞拍者租不起的位置。你再有钱,我也不转让,这时候就需要等待机会。

曾经有一个来咨询的客户,因为现金流断了,业务被迫收缩,结果核心人员流失,办公区域被占。这事儿放到古代,就是地主兼并农田,把自耕农变成贫农、雇农的套路。

你不要觉得所有人都是电影《活着》里的福贵,因为自己吃喝嫖赌才把田地和祖宅输掉的。多数人对资产的意识还是很清晰的,哪怕是一头牛、一架犁,他们都宝贝得不得了,但他们大多守不住自己的财产,所以守住核心资产需要本事。

换个角度,用钱买股票、买公司总有保障了吧?有的读者问我为什么不推荐购买股票,因为他们守不住。而我们为什么守得住房子?因为大多数家庭一辈子就买一两套房,自己还要住,而且房子是大资产,交易烦琐,价格不能实时变动,所以房子就是过去二十年间绝大部分普通家庭积累财富的最大头。

我几乎没听见过身边有谁靠买年金、搞理财发财了,靠炒股发财的事倒经常听说,但靠炒股真正改善生活甚至改变命运的有多少人?

我也曾经做过"神来之笔"一般的交易，但只要肉还在这个锅里，慢慢地就亏回去了。所以，赚了钱就要尽快将其变成资产。

现在，我们再聊聊如何创造核心资产。

第一步，先搞钱

怎么搞钱？大家的共识是"靠时间换钱肯定没希望了"。《纳瓦尔宝典》里讲了几条路，通过劳动力杠杆、资本杠杆和边际成本为零的载体为自己赋能。这就是为什么我投资过店铺，投资过股票、黄金、比特币，最终坚持下来的赚钱方式还是做咨询公司和自媒体，因为这两种方式完美符合杠杆模型。

在我的公众号里，每篇文章的阅读人数接近一万人，等于我每天都对着一万人讲自己的故事，讲自己的认知，这是一股很恐怖的势能。我做咨询工作十多年，见的老板有两百多位，但现在读我一篇文章的老板都不止这么多。

在没有多少本金的时候，投资的性价比太低。什么意思呢？例如，你能动用的金额只有5万元，你问我怎么投资，我给你推荐了一只翻倍股，半年就翻倍了。在这半年里，你天天看、天天分析，最终你能赚多少钱呢？其实，这种赚钱的想法本身就是错的。

假如有更好的赚钱路径，你先去赚，然后花钱读个MBA，再反哺你的事业，绝对比没有多少本金就投资强。赚钱就是赚钱，你要明白什么是第一位的，就像你现在想喝水了，给你再多馒头，你也不会去选。

第二步，买优质的资产

当然，国内看得见的优质资产已经被分割得差不多了，而投资需要技术和眼光，我先提供两个思路。

一是布局新的共识性资产，用共识创造价值变现，如做出第一部《流浪地球》。

二是把我们走过的路在东南亚再走一遍。经济发展是有规律的，现在东南亚很多地方相当于二十年前的中国，不只是资产价格，还有人们的思想。朋友的公司之前有东南亚的业务，想派我朋友过去。当他问我要不要去时，我说："主要还是看看那边有没有好的买房或进行其他投资的机会，我们过去那边，就像未来的人穿越到二十年前，发现机会遍地，敢闯敢拼的人就还有一轮增长空间。"

在我印象里，我从来没靠"运气"赚到过钱。但我从不觉得，自己就会拿着几千元的工资过一辈子。如果在这个时代，你都赚不到钱，那么把你放到从古至今的任何一个时代，你也赚不到。

如何通过借势
加速跃迁

有一年，我连续去了成都、包头、呼和浩特等城市，最后回到广州。我去做什么？去调研知名的企业，了解他们的业务情况，找咨询合作的机会。见了谁？见了各个单位的董事长、总经理。

按理说，在我这个级别的人是见不到那些百亿、千亿级别企业的大领导的。如果你做的是To B业务，你就知道见到决策者不是那么容易，往往见的是某个部门的执行人员，要等对方往上报，再往上报，才能获得一个来之不易的交流机会。

我刚出来做咨询那会儿就遇到这种情况，但现在不一样了。我写公众号文章后，身边的人不断被我的文章影响，咨询顾问这个概念从一个遥远的词汇，变成了每天晚上陪伴大家的两千字左右的文章。这也创造了另一种排序，这种排序是认知上的排序。原来要在极为特殊的场景，见到位置极高的领导才能获得的认知，在我这里发生了变化。

这种认知上的势能打破了原来行政职级，建立了新的基准线。冯唐、王志刚、刘润、小马宋……都是这种基准线的受益者。刘备当时自称汉室后裔，创业公司初具规模，三次跑去见一个住在茅屋里的年轻人，后来又拜他为丞相，也是这么个原因。

但光有这个势能还不够，你没办法直接进入决策者的法眼，一定得有他人引荐。诸葛亮当年是怎么被发现的？就是因为徐庶的大力引荐。到了今天，徐庶可能是公司副总，可能是兄弟单位的老大，可能是供应商领导，他为什么要用自己的信誉做担保，把你引荐给其他人？

一方面是他认可你，尤其是在认知层面上认可你，认为把你介绍给朋友认识是加分的。另一方面是以你的专业水平能创造的价值，大概率会与他有关，或者一定没坏处，还可能有好处，这个价值不论是让对方获得简单的居间费用，或是补足其业务的短板，还是共同对客户产生新的价值，一定是有用处的。

熟悉我的读者应该知道我做咨询是有原则的。大原则是站在公司价值创造的点上为公司解决问题，小原则是站在项目对接人或部门的位置上为他们争取相关利益。

如果有一个方案是把公司的蛋糕从五份争取到七份，很多人做到这一步就结束了。但我不是，我会把这七份是"朝三暮四"还是"朝四暮三"也说清楚，至于具体是哪种方案，要看对接项目是"朝"还是"暮"。

我服务了上百位客户，从来没有见过哪个项目是砍掉当事人的薪水、资源、权限后，还能顺利推进下去的。所以你一定要找到共赢的点，和客户结成利益共同体，实现"Win-Win"的效果，这样才能保证一些人会因为你的口碑或价值观，觉得和你合作或介绍资源给你是有利可图的，哪怕他没有和你合作过。

当然，我做公众号，扩大影响力，不完全是为了影响客户，也是为了影响潜在合作者。现在每次出去讲课，我都会在个人介绍里放上公众号二维码，一些财税、人力资源管理或培训行业企业的创始人与潜在合作者，看到这么强的势能，也愿意通过我去给他们背书。

这样，我们这样精品的、"特种兵式"的咨询公司就有了炮兵、侦察兵，还有飞机、坦克、大炮……最后我们给客户带来的不仅仅有认知方面的输出，还有全行业的专业解决方案，包括财税、金融、法律、人力资源管理、培训等方面的服务。

某次我们和一家律所一起，与一个客户企业的董事长见面。对方说他们更愿意跟面向具体场景和问题的，而不是单纯工具型的供应商进行合作，前者既能发现问题，更有能力解决问题。

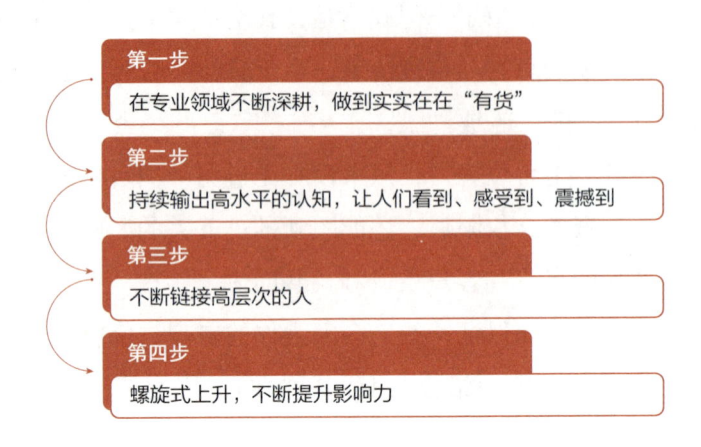

> **第一步**
> 在专业领域不断深耕，做到实实在在"有货"
>
> **第二步**
> 持续输出高水平的认知，让人们看到、感受到、震撼到
>
> **第三步**
> 不断链接高层次的人
>
> **第四步**
> 螺旋式上升，不断提升影响力

获取势能的四个步骤

那这样的势能是怎么获得的？我总结一下。

首先，在专业领域不断深耕，做到实实在在"有货"。

我硕士研究生毕业后，除了搞电视购物，从第二份工作开始，就一直在咨询领域深耕，没有出现大的行业变动。因为在企业战略、国企改革、组织管控、人力资源等各模块都有几十个项目案例的支撑，客户一说出现状，我基本就能猜出问题，这不仅要对工具、方法论熟稔，更要对问题有精准判断，对人性有一定的把握和理解。

其次，持续输出高水平的认知，让人们看到、感受到、震撼到。

除了日常工作十个小时以上，我每天写两千字左右的文章，中间有没有疲惫和退缩？当然有。有时候开完会已经到了晚上十点，我根本不知道该写什么，打开电脑就有发自内心的抗拒。怎么办？咬着牙坚持下去。天天看我文章的读者现在也不一定记得哪些文章很生涩、属于硬凑的，但总是记得有个家伙每天晚上都有两千字左右的文章，还一直在刷新他们的认知。

再次，不断链接高层次的人。

拥有资源的人也有烦恼，他们的烦恼是谁能更好地使用这些资源。一个大企业的接班人跟我说："你看见现在经济环境不好，好工作难找，但站在我们这个高度往下看，到处都是机会，缺的是能挑大梁、拓疆域、拿结果的人才。如果你有能力，就大胆去链接那些有资源的人，做价值交换，这是双赢的结果。"

最后，螺旋式上升，不断提升影响力。

我在公众号、视频号上的影响力已经逐步转化成现实世界中的影响力。那么，现实世界中的影响力，如帮上市公司做战略规划，帮大国企做并购整合，能不能转化成为公众号、视频号的影响力？当然可以。这是个良性循环，用亚马逊创始人杰夫·贝索斯的话来说，就是**找到了你的"增长飞轮"**。

在这种螺旋式上升的情况下，你不断升级，你的背书能力越来越强，影响力越来越大，直到有一天达到你能力的极限为止。为了让这一天晚点到来，我也在不断看书、见人、思考，精进自己，在飞轮里加入主观能动性，让自己的天花板再高一些。

很多人都觉得自己怀才不遇，贡献大、回报小。在这个时代，渠道的影响力和约束力越来越小，**内容、认知和作品质量本身的影响权重越来越大**。新时代里，注意力、影响力、地位排序都在重构，国家、组织、个人的结构调整总会造成部分人上升、部分人下降的情况。

水大鱼大，这些调整对某些人来说是困难，对某些人来说是机会，**而那些真正会发光的金子，是一定不会被埋没的**。

如何规划属于你的跃迁目标和路径

我讲三个维度的认知。

第一个维度：不同层级的人有不同的奋斗方式

一个人越在底层，个人奋斗崛起就越重要；越在上层，抓住历史机遇就越重要。

"北大屠夫"陆步轩从一个用刀切肉的人变成了肉类食品公司的总经理，这是北京大学给他的保底。如果你考上了北京大学，凭着同学关系，那些平步青云的人给你一点机会，让你过得体面并不难，成本也不高。

我讲阶层的时候，是从A6级别讲起的。但其实A6级别下面还有A5级别，就是全身家当加起来连10万元都拿不出的人所在的层级。A5级别的人存在吗？真实存在着，如农村里没有赶上现代化进程的，失去劳动能力的人等。

你只要有手有脚，认真做事，混到大部分人所处的阶层，其实不难。但你要想从千千万万个建筑承包商、小老板里的一员变成碧桂园的杨国强，这就不是你努力，天天下工地，带头抓质量就可以实现的。

碧桂园从提出"平（便宜）、靓（好看）、正（质量过硬）"到"给您一个五星级的家"，再到研究出高周转战略，带着他们的底层金融逻辑，一度成为宇宙第一房企。2013年至2018年，我在所有对房企的战略咨询里，无一不谈高周转战略。有些房地产商成功了，赚了不少钱，而有些房地产商很努力地在做，但因为规模小，拿地能力差，实施高周转战略的价值并没有预期中的高。

人生的跃迁也是一个道理，我在这里先给你一张图，你在什么位置，你的目标是什么，我大致给你个判断。

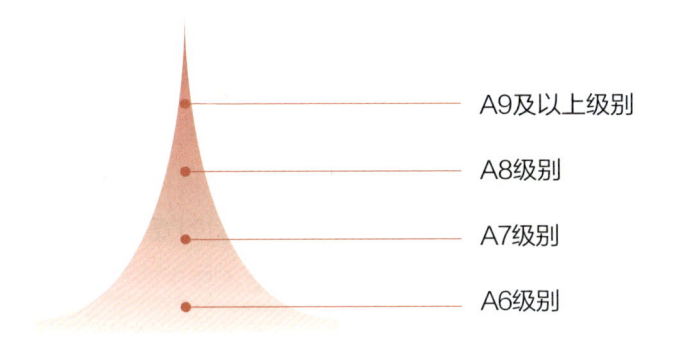

```
             ────── A9及以上级别

             ────── A8级别

             ────── A7级别

             ────── A6级别
```

按资产规模划分的人群分布图

我的读者里一定有不少处于A6级别的人。当你盘一盘你的身家发现净资产只有几十万元的时候，你可能会觉得难过、不舒服，但其实这才是常态。现在很多人的资产尚未到达A7级别，如果你的年龄在40岁以下，你依然有机会跃迁至上一个层级。

假设你是老师、护士、私营店老板或普通工人，通过学历的提升和认知的升级，加上对工作的钻研，用稳稳的努力超过80%的人，实现身家百万一点问题都没有。你把餐厅开出特色，把工作做好，升到企业中层，或是从小地方来到大城市开始认认真真打拼，成为A7级别人士中的一分子也并不难。

如果你已经在A7级别，在一线城市有一套房子，开着BBA（奔驰、宝马、奥迪）的中档车，还着贷款，拿着互联网公司发的工资，成了别人羡慕的中产。但你加班已经"累成狗"了，怎么实现跃迁？我建议你寻求结构效率的提升。

在这个级别，结构效率一定高于运营效率。A6级别那一套肯定不适合你，你从主管到高级主管，涨一点点工资，辛苦拿点加班费和项目奖金……在这个阶层，学历对你而言是敲门砖，技术、能力对你而言是压舱石。所以在这个层级的朋友说自己像人肉干电池，每天被榨干，当他们问要怎么摆脱这样的困境时，后面几乎都会问到一句"我要不要去学学……"

其实这不重要，真的不重要。互联网会制造焦虑，收割这群人，并且良好的教育、公司制的环境、技能漏斗的筛选形成了"信息茧房"，让他们觉得如果自己的发展到了瓶颈期，达到能力上限了，也还需要继续提升能力。

但在我看来，这多数是结构问题。

拿我自己举例，如果我只做一个优秀的咨询顾问，我的时间是有限的，脑容量也是有限的，服务的客户也是有限的，我通过熬夜加班也很难突破这个瓶颈。

社会给中产阶级规划了一整套逻辑和枷锁，让他们的资源积累沉淀在房子、消费和其他"伪"需求上，让他们卡在这个层级上不去。等35岁来临，他们发现人生不是一条上升线，而是一条抛物线，后面就是人生真相——起起落落落落落落。

所以我花了几年的时间把咨询能力沉淀在知识能力上，用团队的方式去交付，将我自己的时间放在最关键的节点，我可以尝试各种新媒体，通过杠杆手段获取更大的增长空间。这里有两个杠杆，一个是**团队杠杆**，一个是**流量杠杆**。

改变收入结构要**站在未来看现在**，思考未来的流量和增长点在哪里；要站在高处看现在，能不能用杠杆，怎么加杠杆；要考虑自己的精力怎么分配，如何用有限的时间和精力创造最大的价值。

作为咨询顾问，我平时写的报告和现在的文章完全不是一种风格。所以在我刚开始写公众号文章时，有同行的朋友好心提醒我说："你讲白话、用短句，这样的语言风格会让人质疑你的身份，觉得你不专业。"

我说："因为这类文章受众面小，讲干货、讲商业、讲管理的内容根本传播不出去，没人看。如果没有用户基数，精准用户又从哪里来？"后来事实证明我是对的。

在A7级别苦苦挣扎的"打工人"，在线性努力已经发挥到极致的前提下，一定要有杠杆思维，包括产品杠杆、流量杠杆、资本杠杆、团队杠杆。如果你能突破线性思维、突破路径依赖、突破知识诅咒，链接到更高能量的人、企业和决策者，你就离更高阶层不远了。

到了A8级别的人都是精英中的精英，而且在这个级别的人多数已经是企业主，至少是企业的核心人物，那还能不能再往上走一层？根据我目前看到的机会来讲，普通人通过努力是可以实现财富过亿的，但一定要开始掌控资源，链接项目。什么意思？不是做操盘手，而是操盘。

以前在土地开发，房地产开发等行业里，设计、施工、监理、销售、运营等工作都靠乙方辅助，而甲方做什么？一是整合统筹，二是资金和土地等资源的获取。不掌控生产资料的，行业天花板太低的，没有足够杠杆的人一定到不了更高层次。

我给自己的新媒体账号定的目标，就是做成百万级、千万级"小而美"的账号。在混乱的短视频市场，多数经过优胜劣汰活下来的新媒体账号，大概也就会保持在千万营收的规模。

但有没有可能再往上走呢？靠"流量+产业"，通过流量赋能某一个产业，某一种商业模式，进行快速传播，盘活百亿、千亿级的资产，这个目标就有可能实现。但这些都不是个人决策，一定是企业家和资本、政策、趋势、商业结合起来才能做到的。

所以想要向上走，你一定要和新技术、风口、土地、资源、决策者连接起来。未来资本市场改革，国际形势变化，"一带一路"出海带来互联网红利，中国模式不断复制，我认为向上走是有希望的，同时还要把企业资产证券化，通过几十倍的市盈率，实现其估值的跃迁。

再往上，要达到几十亿元、上百亿元级别呢？再往上，我就不太清楚了，我只知道越往上，钱的影响力占比就越低，努力的占比也越低，而运气、人脉的占比会急速提升。

第二个维度：目标和努力要保持一致

一个人的目标在主观上决定了他成就的上限，一个根据周遭环境变化来决策的企业和一个向着目标去奋斗的企业产生的动力都不一样，这放在人身上也是一回事。如果你有很高的目标，现有的委屈、牺牲、隐忍都算不了什么，并且不需要别人用鞭子抽着你。

现在，你可能会问眼前的苟且与诗和远方要怎么取舍？几乎所有你看过的信息，都只提供了一些模棱两可的结论，如"不只眼前的苟且，还有诗和远方""人无远虑，必有近忧"等。当你真正回到生活中来的时候，你还是不知道该怎么办。

这些决策是错的吗？不是，他们展示出来的都是他们的生活状态，他们在那个条件、那个场景、那个环境下的决策。而他们背后的考量，**真实的基准线都是水面下的冰山**，是你看不到的，如果盲目去学名人或成功人士，就容易"水土不服"。

之前我也讲过，一个人应该把完成日常工作的时间压缩到60%，用40%的时间去为上级创造价值，同时用额外20%的时间，去考虑如何实现跃迁，这也是基于我自己的经验大致描述出来的。

此外，怎么不让自己膨胀，不让自己认为取得成就都是靠努力？在前文里，我说过把自己的收益分为阿尔法收益和贝塔收益两部分，就能弄清楚。

这是个很强的认知自我的工具。我们把这个工具平移一下，重新做个定义。把你的时间和精力分为X收益与Y收益，X收益是你为实现跃迁做的努力与准备，Y收益是你看得见、摸得着的收益。

一个项目做完以后有奖金、荣誉，如果你是项目负责人，你应该怎么去思考？如果荣誉是你实现升迁的勋章，你要毫不犹豫地占住位置，奖金就大大方方多分给团队里的小伙伴，不要觉得自己贡献多就"按劳分配"。

如果荣誉只是内部的一些表彰，就连荣誉都让出去，鼓励小伙伴们更加努力。被上级领导看见你的操盘能力，拿到了更重要的项目机会……这跟很多人觉得"我先要保证自己的收益，再去考虑跃迁的事情"不同。

我主张的就是，一个人越是处于等级低的位置，就越要优先考虑跃迁和升级。

只要你肯吃苦，就可以一辈子吃苦。当你把努力拆开，变成"X努力"和"Y努力"以后，你对那些在原地踏步的人就看得清清楚楚，也会知道自己要怎么准备跃迁了。

第三个维度：顺应时代，顺应周期

如果你不认识周金涛这个人，你应该多少听说过"人生发财靠康波"这句话。虽然认真研读他的看法以后，我发现周金涛对未来的预测，如"2015年是全球的中周期高点""2019年有发财机会"等判断几乎全是错的，但他的这个思路方向绝对正确。在研究完周期后，我总结了四条周期曲线和四句话。

（1）经济周期决定财富波动。

（2）产业周期决定风口趋势。

（3）企业周期影响战略与管理。

（4）个人周期影响人生策略。

我在这里讲一个"顺势"。为什么很多人觉得现在的经济这么艰难？因为你在一个本该上升的人生周期里，遇到了经济下行的周期。经济下行造成行业萎缩，行业萎缩导致企业保守，企业保守使个人成长受限。而个人成长受限，普通人得不到正反馈，就会觉得努力没有结果，从而"躺平"放弃。

虽然努力有时候没有结果，但不会没有意义。我之前强调"充能是持续的，但实现跃迁只在一瞬间"。经济下行，别人"躺平"，正是你弯道超车的机会。

我为什么一直强调努力的作用，因为对于我们普通人来说，有正确的认知和做正确的努力，顺着国家兴旺、产业发展、城市聚集的大势，资产达到A8、A9级别，是完全有希望实现的。但你得每天去想、去琢磨，琢磨得越多，认知也就越清晰。

但国家的财富值不可能突然飞升，你越往上走，瓶颈就越来越明显，上升难度也越来越高，就像从员工升为主管好像自然而然，但从主管升为经理就有点吃力了，再从经理升到总监，这一段可能是很多人跨不过去的鸿沟，不仅跨不过去，还可能要面临在35岁失业，人生一直下坠的未来。

在资产逆周期的时候，更有能量的人才能保住自己的资本，所以中产阶级的快速下滑、覆灭并不是新鲜事，只是你是第一次遇到，产生恐慌罢了。但凡事有舍就有得，1997年的

"下岗潮"间接让一批企业家下海创业成功。

谁知道，社会经济的结构性变动对部分有能量、有意愿去做事的人来说会不会是一件好事呢？

经济在发展，有降也有升，要脱离旧的增长引擎，**拥抱新的世界与新的增长**，塞翁失马，焉知非福。

普通人要做的就是走正确的道路，坚持日拱一卒，不断充能积累，在国家、行业、企业的快速发展期，看见机遇，抓住机遇，躬身入局，剩下的就交给时间。

①	不同层级的人有不同的奋斗方式	• 一个人越在底层，个人奋斗崛起就越重要 • 一个人越在上层，抓住历史机遇就越重要
②	目标和努力要保持一致	• 一个人的目标在主观上决定了他成就的上限
③	顺应时代顺应周期	• 经济周期决定财富波动 • 产业周期决定风口趋势 • 企业周期影响战略与管理 • 个人周期影响人生策略

与规划目标和路径有关的三个认知

第五章
复盘时刻

1   财富是靠跃迁得来的,而不是靠积累得来的。

2   跑得比同伴快,就一定不会被狮子吃掉,这样的人在哪里都能做起来。

3   冬天应该做什么?我建议你学学古人冬天练筋骨,要稳住,修炼内功,建立自己的比较优势,才好去迎接新的辉煌。

4   短视频大潮来了,你还在纠结要用什么灯光、什么手机,怎么选题,怎么解决技术问题时,这大概率不会成为你的机会。

5   想跨越一个层级,你就不要再钻研具体的事物,而是把时间用于链接资源、打造品牌影响力、获得资本认可。

6   在这个时代,渠道的影响力和约束力越来越小,内容、认知和作品质量本身的影响权重越来越大。